La vie de l'autre côté

Sommaire

Préface

J'ai rencontré Michèle Decker le 30 janvier 2002 au Festival Science-frontières de Cavaillon, ce rendez-vous annuel des prix Nobel de demain, qui confrontent en public leurs découvertes, leurs interrogations et les techniques de censure plus ou moins repérables qu'on utilise à leur encontre. De l'astrophysicien au biologiste, de l'écopharmacien au spécialiste des catastrophes naturelles, du sociologue traqueur de sectes à l'agriculteur en guerre contre les OGM, tous se retrouvent avec le même plaisir d'amitié pour une semaine de rêve lucide : le seul moyen de changer un jour le monde, en aidant l'évolution des consciences pour qu'elles résistent au désespoir, au fatalisme, à la raison d'État.

Ce jour-là, dans le salon des petits déjeuners de l'hôtel du Parc, une dame énergique et paumée, traînant trois énormes sacs d'où dépassaient des plans roulés, des cahiers, des classeurs et des feuilles en vrac, interpellait vigoureusement les clients sur un ton de détresse : « Bonjour, y a-t-il des scientifiques parmi vous ? » Des têtes se levaient, des doigts, des croissants. Alors Michèle Decker allait se présenter, demandait à chacun sa spécialité, plongeait dans ses sacs : « Vous êtes astronome ? Ça doit être pour vous. » Et l'heureux élu recevait une liste de données, des graphiques, ou des pages de calculs entrecoupés de dessins. « Dites-moi si ça veut dire quelque chose pour vous : moi je reçois, mais je ne comprends rien. » Peu à peu, les importunés encore mal réveillés abandonnaient leur tasse, se levaient pour examiner les pièces, échangeaient les documents distribués à l'aveuglette. « C'est pas pour vous embêter, mais je suis belge, je vis à la campagne et je n'ai personne à qui parler de ça : j'en peux plus », expliquait la dame en vidant ses sacs pour qu'ils trouvent leur bonheur.

Étonné par cette scène, mais déjà en retard pour la conférence que je devais donner sur les rapports entre la science et l'imaginaire, je traversais la salle en finissant ma tartine, slalomant entre les groupes où fusaient des commentaires variés. Dans le hall, je tombe sur le grand dessinateur et sinologue Patrice Serres, affalé dans un fauteuil, absorbé par l'étude d'une immense feuille déroulée couverte de symboles hermétiques. Je m'approche. « C'est dingue, murmure le géant barbu aux lunettes embuées, c'est l'alphabet présinaïtique. Elle a même écrit le nom du général Bébi... Ces cinq idéogrammes, je les connais. Les quatre autres, là, ce sont des variantes simplifiées du sinaïtique. Mais les trente caractères restants, je ne les ai jamais vus... »

Et il m'explique qu'en 1997, alors qu'on pensait que l'alphabet sinaïtique était le plus ancien du monde, on en découvrit un autre, dans la Vallée des Rois, avec des parentés certaines, mais datant de 1800 av. J.-C. Selon toute probabilité, il avait été composé par des étrangers nomades : à partir des idéogrammes égyptiens désignant les mois lunaires, ils avaient coupé chaque dessin en deux pour obtenir vingt-quatre caractères, et fixer ainsi phonétiquement leur langue. Quant au général Bébi, qu'on situe historiquement de manière précise, il était chargé par le Pharaon de contrôler les marchands dans la Vallée des Rois. Or, cinq ans après cette découverte, aucune publication n'avait encore été effectuée, et il était donc impossible qu'une campagnarde belge connaisse ces idéogrammes. Des années de travaux sur l'origine de l'écriture chinoise avaient amené Patrice

Serres à étudier cet alphabet avec un chercheur du CNRS, mais les initiés dans son cas se comptaient sur les doigts d'une main. « Et ce n'est pas tout, enchaîne-t-il, regardez la structure en escargot qui porte les caractères : c'est exactement de cette manière qu'écrivaient les présinaïtiques. Mais qui lui a donné ces infos ? »

C'est là où le problème commence. Michèle Decker est femme de gendarme, elle élève ses trois enfants et cultive son potager dans un village perdu près de la frontière luxembourgeoise ; c'est une personne tout d'une pièce, autodidacte, les pieds sur terre et la main à la pâte. Un jour, dans des circonstances que vous allez découvrir en lisant son témoignage, l'au-delà surgit dans son train-train quotidien. « L'autre côté », plutôt, comme elle le nomme avec un mélange de prudence et de modestie. Et commence alors une double, une triple vie. Les consultations médiumniques, les « nettoyages » de maisons hantées, le radioguidage des âmes errantes, les demandes de guérison lorsque la médecine avoue son impuissance, et, entre deux lessives et trois ménages, ces « données » reçues par écriture automatique ou saisie intuitive sur son ordinateur. Ces pages de graffitis alphabétiques, de formules chimiques, de souvenirs de civilisations disparues, de calculs d'architecture expliquant les pyramides ou les cathédrales, ces descriptions de bactéries soignantes, ces consignes pour fabriquer des alliages inconnus... Tous ces kilos de papiers auxquels elle ne comprend rien, et qu'elle empile dans des paniers à linge.

Qui lui parle ? Son inconscient, la mémoire collective, des « guides » immatériels, ses ancêtres, une civilisation extraterrestre, un génie télépathe enfermé dans le coma ? Je n'ai pas de réponse. J'essaie d'être objectif, partagé entre ma méfiance instinctive envers les voyants – ces squatters du libre arbitre – et ma sympathie pour la personnalité de Michèle. Son honnêteté, la gratuité et l'inconfort de sa situation sont des certitudes. L'authenticité, la portée et la nature inexplicable de certaines

« données » sont évidentes pour les scientifiques qui, toutes disciplines confondues, se sont penchés sur le contenu de ses paniers à linge. D'autres informations demeurent pour eux incompréhensibles, noyées dans un charabia qui, par contraste, exalte la clarté du reste. Quant à ses motivations, au sens de sa démarche, c'est avant tout l'instinct de survie. Tiraillée entre les vivants et les morts, la pression de sa famille, le harcèlement des accros du tarot qui lui demandent leur avenir, leur guérison ou un retour d'affection, et l'insistance de « l'autre côté » qui dévide ses messages sans lui demander son avis, Michèle était au bord de craquer lorsque je l'ai rencontrée. Elle n'en pouvait plus de ces heures perdues à prendre sous dictée des révélations dénuées de sens pour elle, et sans usage pour les autres. Elle avait même lancé à ses « informateurs » un ultimatum : « Ou vous m'envoyez un scientifique pour m'expliquer ce que j'écris, ou j'arrête tout. » Huit jours plus tard, le biologiste Gilbert Maury, élève de Rémy Chauvin, entendait parler des données reçues par cette Belge inconnue, et, dans l'intention de la confronter à des spécialistes, l'appelait pour l'inviter au Festival Science-frontières.

Aujourd'hui, deux ans après le « choc » de Cavaillon, Michèle Decker reste en contact avec certains chercheurs qui tentent de décrypter ses messages, et la font participer à leurs travaux. Mais les retards, les obstacles, les malentendus et l'opposition viscérale des cartésiens sectaires sont aussi puissants qu'au temps du physicien Yves Rocard, adulé en tant que père de la bombe atomique française, mais coupable d'avoir travaillé avec des sourciers pour comprendre le mécanisme de détection des très faibles signaux géophysiques. Alors Michèle en est toujours au même point, déchirée entre ce qu'elle voudrait et ce qu'on attend d'elle, sans savoir où cela mène, sacrifiant son temps, sa santé et sa vie de femme pour rester disponible aux demandes des chercheurs, sans se dérober pour autant aux appels au secours d'ici-bas comme aux sollicitations « d'ailleurs ».

Ce livre, bien plus qu'un cri de l'ego ou l'espoir de retombées médiatiques, était pour elle une nécessité profonde, le besoin de reprendre le pouvoir sur les forces qui l'exploitent. Et, pour le lecteur, c'est le portrait tonique et bouleversant d'une femme d'aujourd'hui, partagée entre la spiritualité et les charges familiales, les élans et les ras-le-bol, l'évidence et le doute, la générosité instinctive et la tentation de tout envoyer promener pour se retrouver. Comment garder ses repères avec la réalité quand, autour de vous, tout semble nier les lois actuelles de la physique ? « Naturel » ou « surnaturel » sont des notions subjectives et ponctuelles ; la science d'aujourd'hui relevait hier du « paranormal », et nul ne peut prétendre en ce début de siècle que les phénomènes médiumniques ne seront pas un jour définis, reproduits et domestiqués comme l'ont été auparavant les forces gravitationnelles, l'électricité, la flore microbienne ou les ondes hertziennes, hypothèses hérétiques qui alimentèrent en leur temps toutes les formes de bûchers, qu'on brûlât pour de bon leurs auteurs ou qu'on les « allumât » simplement dans la presse. Mais ce qui importe, je pense, au-delà des rejets ou des croyances, c'est l'aventure individuelle des « inspirés » qui défrichent, au péril de leur santé et de leur image, des terres inconnues. C'est le destin toujours recommencé de l'être humain aux prises avec ce qui le dépasse, le transcende, le révèle et l'isole.

Que l'on croie ou non aux pouvoirs de l'esprit, à la communication avec l'au-delà, aux forces invisibles, au combat perpétuel entre le bien et le mal, le témoignage de Michèle Decker nous pose une question essentielle : que ferions-nous si, pour notre malheur et pour le bien d'autrui, un tel « don » s'emparait soudain de nous ?

Didier VAN CAUWELAERT

Préambule

Pour moi, le monde fut longtemps ce qu'il semblait être, tout simplement. L'« au-delà », le « domaine des esprits », l'« invisible », tout cela m'était étranger. Et soudain, en avril 1984, cet univers a basculé. Je me suis mise à voir et à sentir des images et des forces que j'étais seule à percevoir. Pourquoi est-ce arrivé ? Pourquoi m'est-ce arrivé à moi ? Je l'ignore. Mais c'est ainsi. Depuis cette date, je vois ce « côté-ci » de la vie, mais j'en vois aussi l'« autre côté », celui de ces présences cachées qui vivent autour de nous, nous accompagnent jour après jour et suivent, tout comme nous, le cours du temps. Nombre de personnes se posent la question de savoir si nous sommes « seuls en ce monde », s'il existe « autre chose », un univers « parallèle », « invisible ». Or cette question, pour moi, ne se pose plus. Non, nous ne sommes pas seuls. La vie est un tout dans lequel visible et invisible sont inséparables. Visible et invisible ne font qu'un. Ils évoluent et nous font évoluer l'un par l'autre. Ce sont les deux côtés de la vie. Pour ce qui me concerne, ils me sont désormais donnés ensemble. Aussi extraordinaire et incroyable que cela paraisse.

Puisque la vie se présente à moi ainsi, c'est ainsi que je la prends. J'en ai l'habitude, maintenant. Cette forme d'échange, surprenante au début, me paraît naturelle. Je la raconterai dans ces pages telle que je la vis. Je n'ai aucune intention de démontrer quoi que ce soit. Je ne veux rien expliquer non plus. Je veux seulement raconter mon expérience.

Une expérience qui m'a amenée à ne plus parler de hasard. On entend dire tous les jours que le hasard fait bien les choses. Quelquefois, on dit l'inverse. Pour moi, désormais, chaque élément et chaque événement occupent une place précise dans le visible et l'invisible.

Même l'idée que je me fais de la mort a changé. Je crois désormais que mourir signifie simplement passer d'un état vital à un autre. Curieusement, ce passage peut même avoir quelque chose de vivifiant ; il peut générer sérénité et harmonie.

Je dis ignorer pourquoi j'ai été « choisie » pour ce destin, j'ignore pareillement de quoi sera fait mon avenir. Suis-je censée aller « plus loin » encore ? Mystère. Ce dont je suis profondément persuadée, c'est d'avoir reçu une sorte de fonction à occuper, une mission à accomplir, à laquelle je me consacre de toute la force de mon âme, au mieux de mes capacités.

Tout a commencé, en fait, le jour où j'ai hérité la maison de mes grands-parents. Beaucoup de gens héritent. Et tous les jours. Pour autant leur existence ne prend pas la tournure d'une histoire fantastique ! Dans mon cas, cet héritage a tout changé. Il a ouvert une expérience à la fois belle et difficile. Car depuis, mon quotidien se déroule « de ce côté-ci » de la vie, en même temps que « de l'autre côté ».

Première partie

À la découverte de l'autre côté

Une visite de grand-père

Je ne saurais oublier le 12 avril 1984 qui était un lundi. Ce jour-là, mon mari et moi avions rendez-vous à 11 heures chez le notaire. Nous allions devenir propriétaires de la maison où je suis née, où j'ai grandi.

J'habite Aubange, en Belgique. Ce village situé tout près de la frontière française n'est pas grand, mais il figure à mes yeux une sorte de trait d'union entre le Luxembourg et la Gaume, entre la Lorraine joyeuse et la mystérieuse Ardenne. J'ai le privilège de vivre à la campagne, aussi je peux profiter des arbres, des plantes et des fleurs. La nature représente pour moi une présence vitale. Nous demeurons à quelques pas des pâturages, et je vois souvent de ma fenêtre le troupeau de vaches remonter paisiblement la rue. Le matin, la vie s'éveille doucement : les bruits, les parfums. C'est l'heure à laquelle j'aime aller faire une promenade. Les enfants dorment encore. Nambo, mon berger allemand, m'accompagne. Nous passons quelquefois par le centre où se répand déjà, près de la boulangerie, l'odeur de la fournée matinale. En général, nous longeons la rivière quand la cloche de l'église sonne les 7 heures. Bientôt il est temps de rentrer. Les enfants seront debout vers 7 h 30. Nous regagnons la maison d'une allure tranquille.

Ce 12 avril, comme bien souvent, je suis sortie me promener avec Nambo. Ensuite il y a eu ce rendez-vous chez le notaire. Et il n'est rien arrivé de plus remarquable que cette formalité. Le lendemain aussi fut une journée comme les autres.

C'est deux jours plus tard, que tout a commencé.

Vers le début de l'après-midi, j'ai cru entendre un bruit faible et singulier, une sorte de chuchotement qui venait de l'une des chambres à l'étage. Doucement, j'entrouvre la porte. La pièce est vide. Le bruit cesse. Pourtant, quelque chose me surprend. Une odeur. Une odeur qui m'évoque immédiatement un souvenir familier – mais que je ne puis encore définir.

C'est alors qu'une étrange impression s'empare de moi. Un sentiment d'insécurité. Presque de la peur. Et cette odeur qui flotte dans l'air, que j'essaie toujours d'identifier... Je suis certaine qu'elle appartient à mon enfance. Tout à coup un déclic se produit en moi. Je revois mon grand-père, mort depuis treize ans. À ce moment-là, je suis envahie par une vague de souvenirs qui me serrent le cœur. Mon grand-père était un homme simple. Il avait mené la vie sans histoire d'un ouvrier d'usine. Après le travail, il s'occupait à des travaux domestiques. Il aimait plaisanter, jouer avec les enfants. Un jour, il a été emporté par un cancer, et son départ a laissé un grand vide en moi.

Il me semble maintenant qu'il est là, dans cette chambre. Non pas comme un souvenir, mais comme une présence effective. Je ne crois pas aux fantômes. Je ne me soucie ni des esprits ni des revenants ! Mais il règne autour de moi un climat étrange. En vérité, je ne vois rien de précis. Mais je ressens une présence. Quelque chose ? Quelqu'un ? L'air remue doucement, mais de façon perceptible.

Je murmure, peut-être pour moi-même :

— C'est toi, grand-père ? Que veux-tu ?

L'odeur, aussitôt, devient plus nette. J'ai l'impression, certes étrange, d'une réponse – une réponse proche, douce, secrète. Et ce parfum remonté de jadis me rassure. Bientôt, j'entends des pas sur le plancher. Je reconnais ceux de grand-père, cette façon bien à lui de traîner ses pantoufles. Comment est-ce possible ? Je ne peux contenir mes larmes.

Je reste figée un moment, comme si je craignais de troubler par un geste intempestif cet instant merveilleux. Puis je suis ramenée à la vie ordinaire par la voix de Jonathan, mon petit garçon de quatre ans. Il m'appelle du rez-de-chaussée. Il a faim !

En redescendant l'escalier, je m'interroge. Comment prendre ce qui vient d'arriver. Dois-je en parler à Michel, mon mari ? Dois-je me taire ? Je décide de ne rien dire. De laisser reposer l'affaire. D'attendre. De voir venir. Soit il se passe à nouveau quelque chose, soit plus rien n'arrive. Dans ce dernier cas, le chapitre sera clos.

Rien d'étrange ne se produit au cours des jours suivants. Pas la moindre odeur, plus le moindre bruit. Pourtant, aussi curieux que cela paraisse, je ne crois pas avoir rêvé. Je ne me dis pas non plus que ce genre d'événement est impossible, et ne vaut pas la peine que l'on s'y intéresse. Je précise cela pour décrire aussi justement que possible la façon dont j'ai accueilli cette « visite » sur le moment. Car j'avais bel et bien la certitude que mon grand-père était venu me dire bonjour.

La chose dans la cave

Huit jours plus tard, j'entends à nouveau un bruit inhabituel, qui semble cette fois venir de la cave. On dirait une série de coups sourds, comme si quelqu'un frappait contre les murs.

L'agencement de notre maison est fort simple : un rez-de-chaussée, un étage, une cave, un jardin. Le plus remarquable est encore son grand verger. On accède à la cave par une porte voisine de l'entrée principale. Un escalier plonge vers une pièce au sol de terre battue qui couvre peut-être une douzaine de mètres carrés, éclairée par un vasistas donnant sur la rue. Nous nous servons de cet endroit pour entreposer le bois de chauffage.

Et justement, je dois descendre chercher du bois. Sauf que m'envahit subitement une impression pénible. Je frissonne. J'ai très peur. J'hésite. Mais il faut vraiment aller chercher du bois ! Finalement je me décide. Je m'engage dans l'escalier.

Pas de bruit, rien ne bouge. Je chantonne – comme une petite fille qui essaie de conjurer sa peur. Je commence à remplir mon panier de bûches... Et soudain je ressens une vive douleur à la main, comme si l'on venait de me mordre. Paniquée, je remonte l'escalier d'une traite. Examinant ma main sous la lumière, j'y trouve quatre petites marques à l'intérieur et à l'extérieur du poignet. Et cette blessure est douloureuse. Comme une morsure. Ou comme une brûlure.

Le souffle me manque. Que se passe-t-il, dans cette maison ? Je suis seule avec les enfants. Michel ne rentrera du travail que vers 11 heures ce soir. Je ne sais que faire.

Je m'aperçois alors que j'ai laissé en bas le panier et les bûches ! Or il fait assez frais, bien que nous soyons déjà en avril. Si je ne redescends pas chercher mon bois, nous n'aurons pas de feu dans la maison, et les enfants risquent de prendre froid.

Quand je me présente à nouveau au seuil de l'escalier, j'ai les jambes qui tremblent. La réserve de bois est à main gauche au pied des marches. Mais en bas, il y a cette chose mystérieuse. Cette chose qui mord et m'épouvante. Le geste qui me vient est un réflexe, le vieux réflexe catholique, le signe de croix effectué rapidement pour demander protection à Dieu. Je m'engage dans l'escalier. Je descends avec précaution. Je me saisis vivement du panier de bûches. Et je remonte les marches quatre à quatre.

De retour dans la cuisine, je me sers une tasse de café. J'essaie de faire le point. Je voudrais comprendre. Les enfants jouent au salon, et tout paraît calme. J'examine à nouveau mon poignet : les traces sont toujours là. Elles ont bleui. Cette chose à la cave, cette chose qui mord est-elle en rapport avec la visite de l'esprit de mon grand-père ? Les deux événements sont-ils liés ? Comment ? Pourquoi ? Mon Dieu, aidez-moi ! De toute façon, il ne peut plus être question de faire comme si c'était sans importance. Je décide d'en parler le soir même à mon mari.

*
* *

À son retour, Michel s'étonne de me trouver oppressée. Je lui demande de s'asseoir. Je lui explique. Mon récit le plonge dans un certain désarroi – ce qui n'a rien de surprenant. Michel est quelqu'un qui aime vérifier avant de croire. Il a besoin d'éléments concrets. Il recherche les faits avant de porter un jugement. Ce n'est pas pour rien qu'il exerce le métier de gendarme. Mais il sait d'autre part que je n'ai pas l'habitude de raconter des histoires. Il ne doute pas de moi. Il est simplement perplexe.

— Les esprits, dit-il, ce n'est pas trop ma tasse de thé.

Je lui demande de descendre à la cave. Il le fait. Rien ne se passe.

Cette nuit-là, je n'arrive pas à trouver le sommeil. Je voudrais à toute force sentir à nouveau la présence de mon grand-père, retrouver le sentiment de sécurité que j'éprouvais avec lui. Intérieurement, je l'appelle : « Grand-père ! Grand-père ! Viens, je t'en prie ! » C'est comme l'appeler à mon aide. Et finalement il se passe à nouveau quelque chose. Soudain je la ressens, cette présence. Elle me fait l'effet d'une marée bienfaisante. Et il ne s'agit pas d'une idée ! Il ne s'agit pas de ce sentiment ordinaire que chacun éprouve en songeant à telle personne comme à une force rassurante. Michel, par exemple, qui dort auprès de moi, est dans ma vie une force rassurante. Grand-père, c'est tout autre chose. Il n'est pas seulement auprès de moi. Il est à la fois dans mon être et tout autour. C'est une présence ressentie, directe, émotionnelle. Au point que j'en ai les larmes aux yeux.

Je sens cette présence se rapprocher. Elle effleure ma joue d'une caresse. Je me détends. Je suis renvoyée au passé. Au temps où j'étais petite fille. Quand grand-père m'impressionnait si fort. Quand je l'admirais pour sa grande taille et sa force, pour ce regard rieur qui lui donnait une expression si rassurante. Grand-père était un homme endurant. Il était simple et bon. Il aimait le contact de la terre. Il avait possédé avec ma grand-mère un petit élevage de lapins qui leur servait à mettre de l'argent de côté en cas de besoin... Emportée dans mes souvenirs, bercée par la caresse de sa présence, je m'endors doucement en murmurant :

— Reste avec moi cette nuit, grand-père. S'il te plaît.

*
* *

Plus tard, cette même nuit, c'est mon fils Jonathan qui me réveille en réclamant à boire. Je descends à la cuisine. Je lui prépare un biberon. Au moment où j'éteins la lumière, prête à remonter, j'entends Jonathan qui dit en riant :

— Fais encore des ronds, monsieur, s'il te plaît !

Je pénètre dans la chambre de mon fils. Je lui demande avec qui il parle.

— Avec le monsieur ! me répond Jonathan. Il est parti.

— Et il est comment, ce monsieur ?

— Grand. Il m'amuse en faisant des ronds avec ses mains. C'est qui, maman ?

— Je ne sais pas, mon poussin. Bois ton biberon et rendors-toi vite.

*
* *

Le lendemain matin, je décide d'aller raconter toute l'histoire à ma mère. J'emmène Jonathan avec moi car il y a un point que je souhaite vérifier.

Ma mère écoute mon récit avec attention ; elle est stupéfaite.

— Ne te tourmente pas, finit-elle par dire. Tout cela peut sûrement s'expliquer d'une façon ou d'une autre.

Tu finiras bien par comprendre. Et puis, si c'est vraiment ton grand-père qui se manifeste, tu n'as rien à craindre.

Je demande à maman de sortir ses albums de photos et de les feuilleter devant Jonathan. Et c'est alors que je vois le regard de mon fils se fixer sur un vieux cliché.

— Tu vois, maman, c'est lui, le monsieur qui jouait avec moi. Il est gentil, non ?

C'est une photo de mon grand-père. Maman a les larmes aux yeux. Nous sommes bouleversées. Nous vivons un instant merveilleux.

En effet, Jonathan n'a jamais connu son arrière-grand-père. Âgé aujourd'hui de vingt-quatre ans, il se souvient encore de cette rencontre nocturne dans sa chambre, de la visite à ma mère et de la vieille photo dans l'album.

Premiers échanges

Deux jours plus tard, je suis occupée à ranger les chambres, quand j'entends une voix d'homme qui m'appelle du rez-de-chaussée :

— Michèle, Michèle !

— Oui ! Je descends...

J'ai cru reconnaître la voix de mon père. Je dégringole l'escalier.

— Papa ? Tu es là ?

Mais en bas, personne.

Cette fois, j'ai une réaction de colère. C'est comme si un étranger rôdait chez moi ! Est-ce un esprit ? Est-ce un fantôme ? Est-ce autre chose ? Peu importe de quoi il s'agit. Ce dont je ne puis douter, c'est qu'il y a quelque chose, ou quelqu'un. Et que cela me dérange ! Assez de ces bizarreries ! Je ne les tolérerai plus. En tout cas pas sans demander des comptes et réclamer la paix.

Je prends une grande inspiration et décide de descendre à la cave. En chemin, je me munirai d'un bâton.

Une fois en bas, je ne crains pas d'affronter le ridicule qui consiste à parler toute seule. Mais suis-je vraiment seule ? M'adressant à ce qui semble vivre dans ce lieu, je lance :

— Je ne sais pas qui tu es, mais sache que je suis ici chez moi, et toi non !

C'est alors qu'une idée me vient. Une amie m'a dit un jour qu'il est possible de communiquer avec les êtres invisibles en utilisant du papier et un crayon. Est-ce vrai ? Je l'ignore. D'après cette amie, les esprits peuvent quelquefois dicter le message qu'ils veulent faire passer. Jamais je n'aurais imaginé avoir recours à ce procédé ! Jamais je n'aurais même pensé que ce bout de conversation se révélerait un jour d'une quelconque utilité. Mais je suis une personne pratique. Je me dis que la situation est inhabituelle. Et que je cherche un moyen de m'en sortir. Pourquoi ne pas essayer un « truc bizarre », si c'est la seule solution qui se présente ? Quelquefois, quand on n'arrive pas à enlever une tache d'un vêtement, est-ce qu'on ne décide pas de recourir à un « vieux truc bizarre » lu quelque part, il y a bien longtemps ?

— Acceptes-tu de me parler ? Si oui, je remonte chercher ce qu'il faut…

Quelques minutes plus tard, j'ai un carnet et un crayon en main. L'interrogatoire peut commencer.

— Qui es-tu ? dis-je.

Je sens un contact sur ma main, comme si l'on essayait de la guider… Le crayon tenu par mes doigts est en train de former des mots liés les uns aux autres, que je ne comprends pas.

— Ce n'est pas du français ! dis-je, étonnée.

Je me retrouve bientôt avec sous les yeux une page emplie de phrases apparemment écrites dans une langue étrangère, et qui n'ont aucun sens pour moi. En remontant l'escalier, je songe à un ami qui pourrait peut-être m'éclairer. Il s'appelle Henri. Il enseigne les langues. C'est un homme ouvert, dont la curiosité s'exerce dans de multiples domaines. Je sais en outre que le « paranormal » fait partie de ses centres d'intérêt. Je lui téléphone sur-le-champ. Il accepte de venir à la maison le jour même.

Henri ne semble pas surpris le moins du monde par le récit de mon aventure. Je lui présente la feuille de papier couverte des phrases nées de mon expérience d'écriture automatique. C'est de l'allemand, me dit-il. Il ajoute qu'il est question dans ce texte d'un homme du nom de Franz. Il propose que nous descendions ensemble à la cave, et que j'essaie à nouveau d'entrer en contact avec cet « esprit » par le même moyen.

Dans la cave, mon corps est comme parcouru de vibrations. J'ai véritablement le sentiment d'une présence. De nouveau ma main se met à former des phrases en allemand. Henri les traduit mot à mot. En voici le résultat :

« Je souffre. J'ai été égorgé dans cette cave pendant la guerre par des partisans de ton pays. Je t'ai blessée parce que c'était la seule façon d'attirer ton attention. De toute façon, même si j'avais voulu te faire du mal, je n'aurais pu le faire car ton grand-père se serait interposé. »

Bien sûr, tout cela paraît impossible. On dirait une histoire inventée. Sauf que cette page couverte d'un texte allemand était indubitablement une réalité, un fait concret, observable. Certes, c'était extraordinaire ! Mais l'extraordinaire ne faisait encore que commencer...

Car il me semblait maintenant distinguer une forme dressée à deux mètres de moi. Une forme qui se détachait d'une sorte de brume. Peu à peu, cette forme se fit plus précise. Je voyais un homme grand, maigre, sanglé dans un uniforme noir, ce sinistre uniforme d'officier dont la casquette s'orne d'une tête de mort. Je ne tarde pas à le voir aussi nettement que s'il était présent devant moi en chair et en os.

Frappée de saisissement, je ne songe pas à demander à Henri s'il voit quelque chose, lui aussi. Je suis absorbée par le phénomène, entièrement concentrée sur l'observation de ce soldat – ou de cette image, de ce fantôme de soldat, ainsi qu'il vaudrait peut-être mieux dire. La silhouette est bottée. Ses bottes semblent toucher le sol. Elles brillent. Elles réfractent la lumière venue du plafonnier, une clarté assez faible à laquelle s'ajoute la lumière du dehors qui tombe obliquement par le soupirail. L'être lui-même, me semble-t-il, est assez « dense ». Pourtant, on dirait qu'il n'est pas « en couleurs ». Mon impression est celle d'une image de télévision en noir et blanc. Deux filets de sang s'écoulent le long de son médius et de son annulaire – or ce sang n'est pas rouge, mais noir. Sous sa casquette, je distingue des cheveux très clairs, probablement blonds. Le visage est marqué. Les yeux sont lourdement cernés. La joue gauche porte un gros hématome. Et la gorge est percée d'un trou.

Je suis transie et j'ai peur.

Le regard de cet être me transperce. Décidant de changer d'angle d'observation, je fais un pas à gauche. Le soldat, ou l'image du soldat, ne bouge pas. Son regard reste fixe. L'expérience, pour moi, est effrayante. Et pourtant, derrière ce masque douloureux, je devine la souffrance d'un enfant que l'on a perverti, et qui cherche désespérément à communiquer.

Je suis au pied de l'escalier. Henri est assis à côté de moi sur les dernières marches. Le soldat a un geste pour désigner le sol. Au même instant, je suis de nouveau parcourue de frissons. Ma main recommence à s'activer. Une phrase en allemand s'inscrit dans mon carnet. Je déchire la page et la tends à Henri.

— Que dit-il ?

— Il dit qu'il habitait un petit village en Allemagne, où ses parents étaient décédés depuis longtemps.

Tant bien que mal, je parviens à maîtriser ma peur et à articuler :

— Que puis-je faire pour toi, Franz ?

Ma main court sur la feuille de papier. Henri traduit aussitôt :

— Il te demande de l'aider à retrouver les siens.

Soudain l'apparition semble se fondre dans le sol. Son image pâlit ; elle a maintenant l'apparence d'une photo surexposée. Bientôt il n'y a plus rien. Là où se dressait Franz voilà une minute, je ne distingue plus qu'une légère brume qui ne tarde pas à se dissiper.

Silencieusement, nous regagnons le rez-de-chaussée.

Je propose un café à Henri.

— Ce n'est pas de refus, dit-il.

Il a eu très froid dans la cave. Je lui demande ce qu'il a vu quand nous étions en bas. Il n'a vu que moi en train d'écrire calmement, répond-il. Je lui raconte la vision.

— Je n'ai jamais vécu personnellement ce genre d'expériences, dit-il. Mais j'ai lu beaucoup de récits de cet ordre. Je n'ai aucune raison de ne pas te croire. D'autant qu'une chose est sûre : tu ne connais pas un mot d'allemand. Tout cela ressemble fort à la matérialisation d'un esprit. L'esprit d'une personne morte. D'ailleurs, les récits que j'ai lus mentionnent souvent cette même impression de froid glacial. Mais tout le monde n'a pas la capacité de percevoir ce type de phénomènes. À mon avis, il va falloir te faire à l'idée que tu possèdes un don.

En entendant ces mots, j'ai aussitôt l'impression de basculer dans la catégorie de ces « gens à part » qui ont un contact avec l'invisible. Est-ce une bonne ou mauvaise chose ? En tout cas, je sens que rien ne sera plus comme avant.

Je demande à Henri pourquoi ces gens-là entrent en contact avec nous.

— Les gens qui ont connu des destins tragiques, répond-il, restent parfois prisonniers des lieux où leur malheur s'est produit. Ou encore de certains objets qui faisaient partie de leur vie à ce moment-là. Ils demeurent captifs jusqu'à ce que quelqu'un les libère. Dans le cas de ce Franz, le quelqu'un, c'est peut-être toi. Franz a besoin d'aide, il te l'a dit. Quant à la façon dont il est mort… Tu as entendu. Égorgé par des partisans belges pendant la guerre. Je ne sais pas comment tu vas pouvoir l'aider, mais je pense que tu trouveras. Dis-toi que c'est comme un rôle qui t'est proposé. Dans la vie, c'est souvent comme ça. On accepte ou on refuse. Si tu acceptes, tu trouveras en toi les réponses dont tu as besoin.

*
* *

Pendant que ces événements se déroulaient sous notre toit, mon mari était dans le jardin avec les enfants. Quand le froid commença à tomber, il décida qu'il valait mieux rentrer. Il nous trouva en train de parler dans la cuisine. Nous étions graves, soucieux. Il s'en étonna. Mais comment lui raconter ce qui venait de se passer ? Henri s'y essaya :

— Il faut que vous sachiez quelque chose. Michèle n'est pas comme les gens ordinaires.

— Oh ! dit-il en riant de bon cœur. Ça, je le savais !

— Cela va beaucoup plus loin que vous ne le pensez.

— Expliquez-vous, Henri.

— Elle voit des gens que personne ne voit. Elle peut même voir des gens qui sont morts.

Michel soupira.

— Ça aussi, reprit-il, je l'avais compris. Jonathan a vu son arrière-grand-père, il y a quelques jours. Michèle me l'a dit.

— Elle voit d'autres gens. Dans la maison.

— Dans la maison ? D'autres parents ?

— Pas seulement des parents...

— Il y a combien de personnes dans cette maison ?

Je note que mon mari fait de gros efforts pour garder un peu de recul. Henri reprend :

— Il semble qu'il y ait au moins une personne dans la cave. Quelqu'un qui a trouvé la mort ici, dans des conditions tragiques.

— Quand ?

— Pendant la guerre. Il s'agit d'un soldat allemand.

— Ah bon ! Ça devient international, ici. Et il va rester longtemps chez nous, votre Allemand ?

— D'après ce que j'ai lu sur le sujet, dit Henri, certaines personnes mortes tragiquement restent liées au lieu du drame. Pour leur permettre de partir, il faut que quelqu'un les aide. Il semblerait que votre femme ait le don de ce genre de choses.

Michel n'a même pas besoin de réfléchir. Il a cette simple réaction qui le définit si bien :

— Si elle peut le faire, qu'elle le fasse.

*
* *

Je voudrais pouvoir me concentrer sur ce problème, mais par où commencer ? Sous quel angle l'aborder ? Comment faire le tri ? Pourquoi faut-il que cela m'arrive à moi ? J'ai l'impression que ma vie s'est emballée. Comme un train fou. Comme un grand-huit. Quelle chance que les tâches de la vie quotidienne soient là pour m'accaparer ! Les enfants : il faut les baigner, leur parler, leur préparer à manger, soigner leurs bobos... Tout ce travail m'apparaît soudain comme une véritable aubaine.

Et puis, il y a autre chose. Étrangement, toute peur semble m'avoir quittée. Même quand je songe au locataire de l'étage en dessous. Eh bien ! me dis-je, il est là, et voilà tout. Je sens que mon sens pratique a déjà repris ses droits. Je dois dire qu'il ne les perd jamais longtemps, et que c'est peut-être grâce à mes « pieds sur terre » que je suis parvenue à m'habituer à l'incroyable.

Monsieur François

Au lendemain de cette étrange rencontre dans la cave, je me retrouve tout de même un peu désorientée. J'éprouve le besoin d'être aidée et conseillée par quelqu'un d'autre qu'Henri. En réfléchissant, je pense à Mélanie. Cette amie d'enfance a toujours eu le goût de ce qui touche à l'invisible. Petite, déjà, l'univers des religions l'attirait : les églises, les cierges, les images pieuses.

Elle connaissait la vie des saints et collectionnait les médailles. Personnellement, j'avais plutôt tendance à fuir ce genre de choses. Les curés, au catéchisme, me hérissaient. J'avais envie de découvrir la nature, pas la religion. D'ailleurs, Mélanie m'agaçait un peu avec ses manies et sa bigoterie. Mais cela ne nous empêchait pas d'être inséparables. Et nous sommes toujours en contact aujourd'hui. Du reste, elle habite à deux pas.

Je lui explique au téléphone que des fantômes se manifestent chez moi. Je lui avoue que je ne sais trop que faire. Mélanie observe un silence, puis dit :

— Je connais quelqu'un qui pourrait te conseiller : M. François. Je pense que tu devrais prendre rendez-vous avec lui. Mais laisse-moi lui parler d'abord. Après, tu l'appelleras.

Deux jours plus tard, mon mari et moi sonnons au portail d'une petite maison ouvrière de Namur. Un homme paraît. Il nous accueille avec un large sourire. Lorsqu'il me serre la main, je ressens des picotements et une singulière sensation de chaleur. Il nous précède dans une petite pièce. Il y a au mur deux chromos : Jésus et Marie. Entre ces tableaux, brûle une veilleuse. L'atmosphère est sereine. Je me sens tout de suite apaisée. J'ai même le sentiment que les questions doivent trouver ici leurs réponses, et les problèmes leurs solutions. N'est-ce pas réconfortant, après ce que je viens de traverser ? Un pressentiment favorable me traverse l'esprit : la paix qui règne ici, j'aurai bientôt pour mission de la transmettre à mon tour. M. François nous invite à nous mettre à l'aise, puis commence :

— Alors, ma chère Michèle, il paraît que vous jouez à cache-cache avec des entités ?

Entité ? Que veut dire « entité » ? Je l'ignore. Et je note soudain une bizarrerie dans le comportement de M. François : son regard se pose partout, mais sans venir jamais à la rencontre du mien. On dirait qu'il cherche quelqu'un ou quelque chose. À un moment, il se tourne vers sa gauche et se met à parler tout seul. Non sans une certaine impatience, je demande :

— À qui parlez-vous ?

— À Roger, répond-il en revenant à moi. Ne vous inquiétez pas.

— Roger ? Qui est Roger ?

— C'est mon maître, ma protection. Désormais, c'est lui qui vous aidera.

Et s'adressant de nouveau à son interlocuteur invisible, il enchaîne :

— Oui, je vais lui dire, je lui donnerai…

Il se lève. Il s'approche d'un vieux buffet en chêne. Il ouvre un tiroir et en tire une enveloppe brune, cachetée, qu'il me tend en disant :

— Tenez. C'est de la part de Roger. Vous comprendrez plus tard. Ne l'ouvrez que lorsque le moment sera venu.

— Comment saurais-je que le moment est venu ?

— Le moment est écrit…

Ce dialogue obscur a l'air de le réjouir ! Bientôt, il nous pousse gentiment vers la porte. Il n'ajoutera plus rien. Tout se passe comme si l'essentiel avait été dit et accompli. L'entrevue n'a pas duré plus d'un quart d'heure.

Une fois dehors, j'échange avec mon mari un regard perplexe. J'ai le sentiment d'avoir encore plus de questions en tête qu'en arrivant ! Certes le climat de paix qui régnait chez M. François m'a laissé une impression favorable, mais les images pieuses accrochées au mur m'ont un peu gênée. Elles me rappelaient le côté « grenouille de bénitier » de Mélanie… Et puis, j'étais venue chercher une solution ! Me voilà avec un mystère de plus sur les bras. Certes, il y a cette enveloppe. La solution est-elle à l'intérieur ? Comment le savoir, puisque je n'ai pas le droit de l'ouvrir ? Existe-t-il un rapport entre cet entretien avec M. François et l'Allemand qui habite dans ma cave ? Si oui, lequel ?

Mais une fois de plus, la vie pratique saura reprendre ses droits. De retour à la maison, nous trouvons notre jeune fils avec un début de fièvre. Le reste, aussitôt, passe au second plan.

La délivrance de Franz

Toutes ces questions ne referont surface que deux semaines plus tard. Certes, voilà qui peut paraître bizarre, mais il faut comprendre que ces événements étaient en train de prendre place dans le déroulement d'une existence « normale », mon existence, laquelle était déjà bien remplie puisque j'avais charge de famille. C'est seulement après coup que je les ai remis en perspective. Sur le moment, ils n'avaient pas encore pris tout leur sens. Je n'avais aucune peine à les relativiser pour continuer de m'occuper de ce qui me semblait le plus important.

Quinze jours plus tard, donc, nous avons la stupéfaction, mon mari et moi, d'apprendre par la rubrique nécrologique du journal que M. François vient de mourir dans un accident de la route. Et je sens à ce moment-là que tout remonte à la surface : la cave, Franz, l'enveloppe...

Oui, me dis-je, le moment est certainement venu de l'ouvrir, cette fameuse enveloppe ! Je la prends. Je l'examine. Je la tourne dans tous les sens. C'est une banale enveloppe de papier kraft, soigneusement cachetée avec de l'adhésif. Elle ne porte aucune mention. À en juger par son épaisseur, elle doit contenir une dizaine de feuillets. Je finis par me résoudre à l'ouvrir, non sans éprouver un trouble profond.

Quelle n'est pas ma surprise de trouver, à l'intérieur, de simples feuilles de papier où sont recopiées des prières à saint Michel et à saint Jean ! J'avoue que je suis déçue. Je m'attendais à quelque chose d'utile. Je songe à Mélanie, à sa passion pour la religiosité. Puis je décide de m'intéresser à ces prières d'un peu plus près. Saint Michel, curieusement, est mon saint patron. Et c'est aussi, dans la tradition, le saint qui terrasse le démon. Et si ces prières devaient être considérées comme des outils ? Des outils de travail. Les outils d'un travail qui serait à présent mon travail... Poursuivant cette idée, je retrouve mon sens pratique : j'ai maintenant les moyens de délivrer l'esprit de Franz. Je décide de ne pas m'interroger davantage. Oui, c'est sûrement la solution. Il ne me reste plus qu'à foncer.

Dans les heures qui suivent, je me prépare. Je me mets en condition, un peu comme quelqu'un qui part au combat. Une fois prête, je prends la direction de la cave. Je descends les marches. J'allume la lumière. Et je dis :

— Bonjour, Franz. Écoute-moi...

Je commence à prononcer la prière. Je la récite, au début, d'un ton automatique, comme pour l'expédier rapidement, non sans me sentir un peu ridicule, d'ailleurs. Mais j'éprouve bientôt dans les mains une sensation de chaleur. Et je perçois que Franz est là. Je le perçois même très nettement. Oui, l'« esprit » du soldat allemand s'est fait plus dense. Sa présence est plus douce, aussi. Une émotion très forte commence à me gagner – une émotion dominée par la joie. Franz est auprès de moi, et je n'ai plus peur. Au contraire, je suis comme pénétrée de cette sorte de plaisir que l'on ressent lorsque l'on vient en aide à quelqu'un. Le fait est que je suis en train de délivrer un être du malheur. Mes efforts vont dans la bonne direction.

Je dois reconnaître que je suis habitée, en cet instant précis, par le sentiment de retrouver la foi. C'est en tout cas en ces termes que le phénomène se formule dans mes pensées. Car c'est exactement ce que j'éprouve : le retour de la foi. Non que j'aie jamais cessé de croire à proprement parler. En vérité, je n'avais peut-être même jamais « commencé » d'avoir la foi. Comme je l'ai dit, l'Église et les curés ne m'attiraient guère. J'étais « croyante », sans doute, comme beaucoup de mes semblables, par simple tradition, par habitude, voire par obligation. Mais alors que je récite la prière trouvée dans l'enveloppe de M. François, il me semble en saisir le sens profond. C'est comme découvrir une source en moi. Une source intensément présente, quasi charnelle. En fait, mon regard sur les choses est en train de se modifier. Il s'enrichit. Il s'embellit et embellit ce que je vois. Deux mondes se rejoignent et s'unissent. Je suis en train de changer « de l'intérieur », et c'est une expérience fabuleuse.

Je distingue autour de Franz des présences très fortes. Il sourit, à présent. Comme il a changé, lui aussi ! Il ne porte plus son affreuse casquette, ni cet habit noir d'officier. Même la hideuse tête de mort qui cachait la beauté de son âme a disparu.

C'est alors que j'éprouve une pointe de tristesse – ce sentiment qui nous traverse à l'heure de quitter ceux que l'on aime. Car c'est exactement ce qui se passe : Franz va me quitter. J'ai réussi ! Il est délivré. Il aura bientôt disparu à jamais. Déjà il me manque…

M'adressant à lui une dernière fois, je dis :

— Franz, lorsque tu seras là-haut, pense à moi de temps en temps. Tu m'as fait peur, tu sais. Mais je t'envoie des baisers de tout mon cœur. Sois heureux.

Sur ces mots, je fonds en larmes. Quelques minutes me sont nécessaires pour me ressaisir. Allons, me dis-je en rassemblant mon courage, il faut le laisser partir. Il est heureux, maintenant. Il a rejoint le bon Dieu.

Les roses de Liliane

Aussitôt après le « départ » de Franz, je suis allée voir Mélanie, et nous avons commencé à parler autour d'un bon café et d'un plateau de biscuits faits maison.

Quand je lui raconte la suite des événements – les prières dans l'enveloppe, la fin du calvaire de Franz – elle est captivée.

— Eh bien ! dit-elle avec enthousiasme, voilà qui a dû bousculer ta vie ! Tu as l'intention de reprendre le flambeau de M. François ? Tu t'en sens capable ?

— Certainement. J'ai changé, tu sais. Je me suis ouverte à ces questions. Je sens que je peux les aborder, désormais. Elles ne me font plus peur. Au contraire, elles m'attirent. C'est un peu comme si M. François m'avait gentiment offert de prendre la relève. Oui, je vais le faire.

— La force de l'échange, c'est immense, Michèle. Et c'est exactement ce que tu viens de découvrir.

— Il me semble qu'elle est d'une portée sans limite...

— Elle l'est. Dans notre monde et dans les autres.

Mélanie ajoute qu'elle croit à l'existence d'autres mondes évoluant comme le nôtre dans la foi et l'espérance. Les êtres qui habitent ces mondes ont besoin de nous, comme nous avons besoin d'eux pour mieux comprendre la vie.

*

* *

Trois jours après cette conversation, la vie « de l'autre côté » me fait signe à nouveau.

C'est l'après-midi. Il fait beau. Je n'ai envie que d'une chose : me reposer, profiter d'un peu de tranquillité, prendre la vie comme elle vient et la regarder comme un loisir tout simple. Je décide de m'occuper de mon jardin. Jardiner me fait toujours grand bien. Et depuis que l'épisode Franz a trouvé sa conclusion, je me sens pacifique, heureuse, libérée.

Très vite, je suis tout entière à mes semis. Ils commencent à germer. Les pousses vont bientôt montrer le bout de leur nez. Je les inspecte avec soin. C'est alors qu'une agitation se produit dans un de mes vieux poiriers. Je tourne la tête. Les feuilles sont secouées de cris et de battements d'ailes. Une bagarre entre oiseaux ! Je me lève. Je m'approche doucement du poirier. C'est un rouge-gorge qui défend son territoire, face à deux mésanges jaune et bleu. Je suis toujours très attentive à ce genre d'événements. J'ai envie de savoir qui va l'emporter. Cette fois, ces demoiselles auront le dernier mot !

Mais on vient de me donner une petite tape à l'épaule. Je me retourne : personne. La surprise ne dure pas plus de quelques secondes. C'est un geste amical venu de l'invisible. Un signe. Faut-il que j'aie changé ! Je trouve à présent naturel de penser autrement. « Il n'y a personne », dans mon nouveau langage, devient « Il y a quelque chose d'invisible ». Il faut bien qu'ils soient là puisque j'ai senti un contact sur mon épaule. « Ils » ? Je désigne ainsi ces êtres, ces esprits dont je sais maintenant qu'ils m'entourent, quels qu'ils soient. Je suis certaine qu'« ils » m'entendent. Aussi je trouve parfaitement naturel de « leur » parler :

— S'il vous plaît, laissez-moi me reposer encore un peu. Il fait si beau ! J'ai tellement envie de profiter de la nature...

Mais des vibrations s'emparent de moi. J'ai tout à coup la vision d'une femme d'une trentaine d'années. Une femme aux traits marqués par la souffrance. Elle me tend les bras. Je sens son énergie atteindre mon visage. Quelle sensation étrange ! On croirait une caresse. J'éprouve de légères pressions sur mes joues et mes tempes.

Bientôt cette femme me « dit » quelque chose. En fait, j'entends ses mots résonner à l'intérieur de moi-même. C'est un appel :

— Aide-moi, aide-moi ! Maman a besoin de toi ! Aide-la !

La vision s'estompe lentement. Je n'ai absolument pas perdu mon calme. Je sens à présent monter du fond de mon cœur un intense besoin de secourir. Un besoin puissant qui ne m'a plus jamais quittée à compter de ce jour.

Dans l'instant, je sais qu'il me faut abandonner mon jardinage. Je dois regagner la maison. J'ai la certitude que le téléphone va sonner. Quelqu'un va m'appeler. Quelqu'un qui a besoin de moi. Cela ne saurait tarder. Je ramasse mes outils. Je regagne l'allée. Je presse le pas.

Dès que je franchis le seuil de la maison, le téléphone retentit. Je décroche. J'ai Mélanie au bout du fil.

— Michèle !

La voix est chargée d'angoisse.

— Que se passe-t-il ?

— Une jeune femme, dit-elle. Dans l'au-delà. Elle réclame ton aide...

— Explique-toi !

— Une dame âgée est venue me trouver en disant qu'elle sentait une présence dans sa chambre à coucher. La présence de sa fille décédée. Quelqu'un d'invisible s'assied sur son lit, et ça lui fait très peur. Il faut que tu lui viennes en aide...

— Je viens d'avoir à l'instant la vision de cette jeune femme, Mélanie. Dans mon propre jardin. Elle m'a même donné une tape à l'épaule... Écoute, viens me chercher. J'essaierai de l'aider à trouver la paix en me servant de la prière. Cette prière que j'ai utilisée pour Franz, tu sais ?

Il est 17 heures quand Mme Fauverel nous ouvre sa porte. Mme Fauverel est une petite personne menue qui porte à son cou une médaille de la Sainte Vierge. Elle nous invite à entrer. Bientôt, elle m'explique le drame. Elle a perdu sa fille, Liliane, voilà dix ans. Liliane avait vingt-cinq ans alors. Elle a été emportée par une leucémie après des années de souffrance.

Tout en écoutant le récit de cette femme, je perçois deux présences à mes côtés. L'une est douce et rassurante, l'autre agressive. Je m'oblige à rester calme, à garder le contrôle de mes émotions. Je sais que la réussite de l'entreprise dépend du sang-froid du médium. Doucement, je commence à réciter les prières. C'est alors que j'éprouve une pression sur mon cou. On me fait mal. Comme si l'on essayait de m'intimider. Comme si l'on voulait m'empêcher d'aller jusqu'au bout...

Je décide de prendre cette agression comme un défi. On va voir qui de nous deux aura raison ! Sans laisser paraître le moindre trouble, je continue de réciter les prières, en haussant le ton, toutefois. Un instant plus tard, la présence agressive semble perdre de son énergie. De mon côté, j'éprouve une grande montée d'amour – la seule chose qu'il vaille la peine d'opposer à cet esprit rebelle. Mes mains sont gagnées par la chaleur. Je dessine un signe de croix. Soudain l'idée s'impose à moi que je ne suis pas en train de livrer un combat ! C'est d'un échange qu'il s'agit. Un échange qui se produit à un niveau différent. En un autre mode de l'univers. Maintenant, je distingue très nettement la présence positive qui se trouve à mes côtés. Son image se forme. Je n'ai aucun mal à la reconnaître : c'est la jeune femme du jardin. Elle me sourit. L'autre présence, elle, demeure floue. Je suis concentrée sur la force que je sens émaner de la prière. Et je sais alors que j'ai réussi à accomplir cet échange. Je sais que cette maison a retrouvé la paix.

Nous quittons la pièce. Mais un parfum me poursuit. Un parfum de fleur. Mélanie et Mme Fauverel le sentent-elles aussi ? Je leur pose la question. Oui, elles respirent un parfum de fleur. Et Mme Fauverel d'ajouter timidement :

— C'est le parfum des roses, les fleurs préférées de Liliane.

Les larmes coulent sur ses joues ridées. Son regard est empli de tendresse, de cet amour qu'elle portait à sa fille, et qui la rend heureuse.

Je garde le silence, tant est forte l'émotion qui circule entre nous. Mais Mélanie s'exclame soudain :

— Michèle ! Tu es griffée au cou !

Je m'approche du miroir de la cuisine. C'est vrai : j'ai une griffure. Mais quoi d'étonnant ? J'ai senti que l'on cherchait à me faire mal, tout à l'heure. Ce n'est pas la peine d'avoir peur. Mme Fauverel est apaisée, et c'est le plus important. Je devine qu'elle a tout compris. Elle me serre dans ses bras.

— Un grand merci, dit-elle d'une voix chargée d'émotion.

— C'est Liliane qu'il faut remercier. Elle vous aime dans l'au-delà. Elle est venue me chercher d'une petite tape à l'épaule. Ce qu'elle voulait, c'était vous transmettre ce message : l'amour guérit et aide toujours ceux qui croient en lui.

Il est temps de prendre congé. Je pense que j'ai le dîner à préparer. Les enfants ne manqueront pas de me demander où j'étais passée...

*
* *

L'épisode de Liliane a beaucoup compté pour moi. C'est en effet la première fois que j'accomplissais ce travail volontairement. En un sens, l'événement représente mes vrais débuts, mon entrée personnelle dans « la vie de l'autre côté ». Le contact avec mon grand-père et l'épisode de Franz avaient surgi d'eux-mêmes. Ils m'avaient prise au dépourvu. Je les avais assumés « avec les moyens du bord ». Cette fois, c'est moi qui ai voulu agir. Je savais ce que je faisais, même si j'en ignorais le mécanisme exact.

Ce soir-là, j'ai conscience d'avoir appris deux choses importantes. D'abord, je suis maintenant capable de maîtriser la portée de cette force qui grandit en moi et me pousse à aider autrui. Ensuite, pendant la prière, j'ai ressenti une énergie dégagée par mes mains. Je ne sais pas encore le pourquoi de ce phénomène, mais je devine que je dois le laisser agir. Un moment viendra, j'en suis convaincue, où je saurai l'interpréter. Rien ne vient par hasard dans la vie, et rien ne se perd après être venu ; le sens, tôt ou tard, se laisse déchiffrer.

En outre, c'est à partir de cet épisode que ma notoriété locale a commencé à grandir. Mélanie, en parlant à droite, à gauche, a déclenché ce succès. C'est elle qui m'a bâti une « clientèle ». Dieu sait que je n'ai rien cherché de tel ! D'ailleurs, je ne demande jamais d'argent.

Quelle surprise ce fut, pour moi, de découvrir le nombre de personnes concernées ! Toutes ces âmes en détresse qui ne savaient vers qui se tourner. Tant de phénomènes invisibles traversant leur vie. J'avoue que je n'avais jamais soupçonné l'importance du phénomène.

Ma déception, en revanche, est venue des réactions d'envie et de jalousie suscitées par mon succès. Mais il en va toujours ainsi lorsque quelqu'un éveille de l'intérêt. Il n'y a là rien de paranormal. Ce sont des phénomènes tout à fait ordinaires, hélas ! Il faut les prendre comme ils viennent. Comme on prend aussi les bonnes choses. En tout cas, c'est ma philosophie de la vie.

Juin 1984 : la protection de l'au-delà

Ce jour-là est un jour de pluie, et c'est une déception car nous avions prévu un pique-nique en famille suivi d'une grande promenade à travers champs. Dommage. Accoudée à la fenêtre de la cuisine, je contemple le jardin. Même sous la pluie, il est beau. La nature ne me déçoit jamais. Que vais-je bien pouvoir inventer pour occuper les enfants ?

Je cherche des idées pour résoudre ce problème quand me saisit soudainement l'impulsion d'écrire. Je ne sais pas encore ce que je vais coucher sur le papier, ni même pourquoi je dois le faire, mais le besoin est irrésistible. Un pressentiment me dit qu'il s'agit de messages venus de l'autre côté. Vite, je pars en quête de papier et de crayon. Tout en ouvrant le tiroir, je m'interroge. Est-ce que mon imagination n'est pas en train de me jouer des tours ? Non. J'ai la tête et les mains enveloppées d'énergie ! Pour moi, c'est désormais un signe parfaitement clair. Ma main ne tarde pas à former des mots sur le papier. Des mots familiers. De ceux que grand-père employait de son vivant quand il voulait me rassurer : « Bonjour ! C'est moi. Tout va bien. Je suis toujours auprès de toi. »

Je trouve rassurant de pouvoir lire ces phrases. Et cela me fait du bien, en général, d'avoir prise sur les phénomènes de l'« autre côté ». Alors la solitude s'efface. On sait qu'« ils » sont là. La vie s'adoucit…

Mais l'énergie se fait bientôt plus dense, et l'écriture automatique plus forte. J'ai le sentiment que grand-père essaie d'attirer mon attention sur un problème qui le tracasse. De quoi veut-il me prévenir ? Je finis par comprendre qu'il fait allusion à Gilles, mon fils aîné âgé de sept ans. Je perçois que l'enfant va souffrir d'un acte de médisance. Une méchante « femme brune » a l'intention de lui faire du mal. À cause d'elle, Gilles se verra accusé d'avoir commis des dégradations dont il ne sera en rien responsable !

Une « femme brune »... Sur le moment, je ne vois personne qui corresponde à cette description. Je m'empresse néanmoins de mettre mon fils en garde. Je lui dis qu'il risque d'être victime d'une accusation mensongère.

Et en effet, la calomnie tombe deux jours plus tard. Gilles est accusé d'avoir dégradé une tombe au cimetière. Or c'est totalement impossible : au moment où l'incident s'est produit, il était à la maison, au lit avec une bronchite et 40 de fièvre. Quant à l'accusation, elle vient bel et bien d'une femme brune. Il s'agit d'une habitante du village. J'en conclus qu'elle compte au nombre des jaloux. Comme je l'ai déjà précisé, beaucoup ne supportent pas le succès dont je jouis depuis que la rumeur parle de mes dons.

Par tempérament, j'incline toujours à faire face. À demander des explications en tête à tête. Je décide d'aller rendre visite à cette femme.

Je sonne à sa porte. C'est elle-même qui vient ouvrir. En me voyant, elle blêmit. Sans cérémonie, je lui demande pourquoi elle propage sur mon fils des accusations dont elle sait pertinemment qu'elles sont fausses. Mon interlocutrice commence par nier : elle n'a rien fait de tel ! J'insiste. Et je la vois bientôt fondre en larmes.

— Expliquez-vous ! lui dis-je.

Elle m'avoue entre deux sanglots qu'elle me soupçonne de vouloir m'enrichir. La chose la tourmente, apparemment.

— Nous ne voyons pas la vie de la même façon, lui dis-je. Vous êtes sans doute obsédée par l'argent. Sachez que c'est votre problème. Pas le mien. Je ne cours pas après la fortune !

À mon grand regret, je suis obligée de constater qu'elle est de ces personnes pour lesquelles je ne puis rien. Je la devine confinée dans sa fierté de se sentir malheureuse, de rester une victime et de souffrir toujours plus.

Avant de la quitter, je lui explique simplement :

— Vous savez, quand vous vous conduisez ainsi, quand vous faites accuser un innocent, un enfant qui plus est, c'est à vous-même que vous faites du mal. Si seulement vous pouviez le comprendre...

Mais je vois bien qu'il va me falloir laisser cette femme sans avoir pu l'aider. En définitive, elle restera prisonnière de ses jalousies. Lesquelles ne relèvent pas de l'invisible, mais sont des fléaux bien terrestres. Pour ce qui est de la colère, je suis désolée. Je n'ai pas traité cette femme avec amour et compréhension, en dépit des leçons qui me viennent maintenant de l'autre côté. Je me suis cantonnée dans le rôle de la mère révoltée. Je me suis tenue de ce côté-ci des choses...

Mais j'ai appris aussi que je serais avertie, désormais, des menaces pesant sur moi-même et sur ma famille. Et depuis ce jour, en effet, j'ai toujours été prévenue quand un danger se profilait à l'horizon.

Buck le labrador

Beaucoup de gens prêtent aux animaux toutes sortes de capacités très fines. Les bêtes entretiendraient de mystérieuses relations avec les lieux, les êtres et les choses. Ce fameux « sixième sens » est un inépuisable sujet de conversations. Pour ma part, j'ai toujours apprécié la compagnie des animaux, à cause notamment de leur sagesse instinctive. Mais je n'avais pas d'opinion précise quant à leurs aptitudes particulières jusqu'à ce que je fasse la connaissance de Buck le labrador. Buck m'a appris qu'il existe en effet chez les animaux un langage, certes dépourvu de mots, mais que l'on peut entendre si l'on se donne la peine de l'écouter.

C'est à la fin de ce même mois de juin 1984. De nouveau, un appel au secours m'arrive par un coup de téléphone de Mélanie. Mon amie me parle d'une de ses collègues de travail, une certaine Mme Peyrieu. Elle m'explique que Mme Peyrieu et son mari entendent la nuit des sons insolites : bruits de pas provenant du séjour, coups frappés dans la cave. Ils n'ont encore osé en parler à quiconque, de peur de provoquer des moqueries. Il semble que je sois devenue la seule personne, dans toute la région, à qui il soit possible de confier ce genre de phénomènes.

J'avoue que le jour est mal choisi. Je ne me sens pas en forme. Une indigestion me poursuit. Mais est-ce jamais le moment ? J'apprendrai que non. Les appels à l'aide, en général, tombent mal. Ils se trompent, ceux qui voient l'état de médium comme un cadeau royal ! En réalité, on est presque toujours dérangé au mauvais moment. Car pour être médium, on n'en a pas moins une famille, des enfants, un jardin, des obligations. C'est ainsi que mon premier mouvement consiste souvent à m'estimer importunée. Puis, dans un second temps, je songe que le dérangement n'est rien à côté des ennuis qui me sont signalés. Si je puis être de quelque secours, alors je dois le faire.

D'après le propos de Mme Peyrieu, que j'ai aussi au bout du fil ce jour-là, nous nous trouvons en présence d'une forte énergie tourmentée – le produit d'une controverse, à mon avis. Je demande à Mme Peyrieu de venir me chercher en voiture. Ce qu'elle accepte volontiers. Une heure plus tard, nous sommes en route pour nous rendre chez elle. J'observe qu'elle est très nerveuse : elle a les mains littéralement cramponnées au volant. Je m'efforce de lui parler d'une voix douce et de sourire pour la rassurer. Mais elle est à la torture.

— Je n'en peux plus, finit-elle par avouer. Tous ces phénomènes dans ma maison !

— Je vous comprends.

Plus nous nous rapprochons de chez elle, plus elle paraît anxieuse. C'est au point que je suis obligée de lui demander de ralentir, puis de s'arrêter sur le bas-côté.

Nous nous trouvons au bord d'une route bordée de noisetiers, près d'un calvaire surmonté d'une croix. On distingue, à quelque distance, les premières maisons d'un village. Calmement, je dis à Mme Peyrieu :

— Vous voyez ce calvaire ? Prenez-le comme un signe. Dieu est avec nous.

Et Mme Peyrieu de répondre :

— Oh ! Madame Michèle ! Je ne suis pas pratiquante !

— Moi non plus. Ça ne m'empêche pas d'avoir foi en Lui. Dieu signifie la vie qui est de notre côté. Vous verrez, une nouvelle étape va commencer pour vous.

Elle me dévisage d'un œil perplexe. Je devine ce qu'elle pense : elle ne s'attendait pas à tomber sur une prédicatrice…

— Ayez confiance, dis-je. Ayez confiance en Lui et en moi. Je sais que nous allons découvrir ce qui ne va pas chez vous. Puis-je vous demander votre prénom ?

— Paula.

— Eh bien, Paula, vous pouvez redémarrer, à présent.

Ses traits se sont quelque peu apaisés. Je sais combien il est important de donner confiance aux personnes. L'empathie les aide à se libérer de leur détresse, et permet de créer un « fonds commun d'énergie » qui se révélera d'un grand secours au moment crucial.

Dès notre arrivée, je ressens moi-même une impression étrange. Je devine ce qui m'attend : une époque ancienne. Et quant à l'intensité de la charge qui pèse sur ce lieu, je la perçois déjà comme considérable.

Paula me prie d'entrer la première. Sitôt franchi le seuil de sa maison, je me trouve en présence de plusieurs personnes. Manifestement, ces gens m'attendent. Leurs visages sont crispés par l'inquiétude. Ils me scrutent. Ainsi la voilà, la spécialiste de l'invisible ! Elle a l'air d'une simple mère de famille… De nouveau, je m'efforce de rassurer :

— Tout se passera bien. Je ne suis pas ici par hasard. Nous allons identifier la cause de vos tourments. Ayez confiance.

Je reçois en retour des réponses timides. Ces gens sont choqués par la peur de l'inconnu.

Pourtant il y a un être qui semble avoir tout compris, et c'est le chien de la maison. Un magnifique labrador. Il m'est présenté sous le nom de Buck. Aussitôt il vient à moi. J'ai l'impression qu'il me fait signe de le suivre. Je me penche vers lui et demande doucement :

— Qu'est-ce se passe, ici, Buck ? Tu le sais, toi ? Tu as l'air de vouloir m'emmener quelque part. Alors montre-moi le chemin…

Je choisis de me comporter avec Buck comme avec Nambo, mon propre chien. Je me fie volontiers à l'instinct des bêtes. Souvent elles savent repérer ce que nos sens ne perçoivent pas.

Buck me guide vers la porte de la cave. Je m'adresse à Paula :

— Voulez-vous lui ouvrir la porte ?

La main de Paula hésite sur la poignée. Je me retourne pour constater que la famille tout entière s'apprête à me suivre !

— Impossible, leur dis-je doucement. Seulement M. et Mme Peyrieu.

Comme nous descendons les escaliers menant au sous-sol, une affreuse odeur me parvient. Un remugle de viande avariée. Buck est déjà au pied de l'escalier. Il grogne. Il fixe des yeux un angle de la pièce. Je ressens un va-et-vient invisible sous le sol. Je devine qu'il se passe « des choses » là-dessous. Ça remue comme des viscères sous la peau.

— Monsieur Peyrieu, dis-je, votre maison est habitée par deux phénomènes contraires. Je les sens sous mes pieds. Ils forment une tension dans le coin gauche de la pièce, là où Buck fixe son regard…

Ces explications me viennent d'elles-mêmes. Je ne les invente pas, je les reçois. Et je les leur transmets telles qu'elles me parviennent. Peut-être ont-ils l'impression d'avoir affaire à une professionnelle du tellurisme ! Il n'en est rien. Je me contente de répondre à une intuition très forte. Je sens qu'un phénomène naturel a été contrarié ici même. Lequel ? Telle est la question. Mais M. Peyrieu ne tarde guère à me fournir la réponse :

— Vous avez raison, madame. J'ai fait appel à un médium, et il a laissé un appareil. Un appareil pour dissiper les ondes qui émanent des sources, d'après ce qu'il nous a dit...

— Regardez.

Je lui montre dans un coin une caisse en bois marquée de l'inscription « Ne pas ouvrir ».

— C'est le soi-disant appareil ?

M. Peyrieu confirme. Il s'agissait, à mon avis, d'un pseudo médium. Ces braves gens ont laissé quelqu'un introduire dans leur maison une machine à tracas. Je demande qu'on m'apporte un pied-de-biche. Je l'introduis sous le couvercle de la boîte à sorcier. Le couvercle cède. La boîte contient une simple plaque de plâtre où sont plantées une centaine de pointes en fer et, au centre, deux branches de buis.

— C'est une arnaque, monsieur Peyrieu.

Voilà quelques mois maintenant que je m'efforce de me documenter sur l'invisible et sur l'« autre côté ». Bien que je n'aie pas fait d'études, et que je ne sois pas habituée à apprendre dans les livres, j'ai réussi à acquérir certains repères. J'ai pris soin également d'écouter des personnes qualifiées. Certains termes me sont devenus familiers : vibrations, ondes telluriques, flux. Ce savoir s'ajoute utilement à mon intuition innée. Je sais qu'il existe, à l'œuvre dans les maisons, des forces bénéfiques et d'autres malfaisantes. Je sais aussi que l'on peut orienter les flux néfastes vers l'extérieur de l'habitation, comme un paratonnerre conduit l'électricité.

M. Peyrieu m'interroge du regard. J'ai l'impression d'être une employée d'un service public venue effectuer un dépannage.

— On n'attrape pas les ondes avec du plâtre, dis-je. Il faut les guider vers l'extérieur, sinon ça ne marche pas. Vous êtes tombé sur un amateur.

— Comment faut-il s'y prendre, alors ?

Le souvenir me visite d'un vieil homme qui vivait non loin de chez nous quand j'étais petite. Cet homme avait un don de sourcier : il devinait la présence de l'eau sous la terre grâce à la sensibilité de ses mains. Il m'avait expliqué un jour qu'il fallait commencer par repérer le point tellurique le plus fort. Tout à coup, je m'entends délivrer à mon tour les indications nécessaires :

— Il faut planter sur le point négatif un piquet de cuivre, monsieur Peyrieu. Ensuite, faites-y douze tours avec du fil de cuivre. Tirez le fil vers l'extérieur. Dehors, vous aurez planté un second piquet. Le courant négatif s'en ira d'un piquet à l'autre et s'enfoncera dans la terre. Votre maison sera de nouveau équilibrée en énergie tellurique...

— Mais comment trouver le point fort ? veut savoir M. Peyrieu.

— Pour ça, je vais vous aider. Il vous en coûtera deux petits piquets en cuivre et une bobine de fil achetés à la quincaillerie. Et vous n'aurez plus de souci.

Les Peyrieu m'écoutent maintenant comme si j'étais un docteur Miracle. Mais je sens qu'il y a un second problème chez eux. Une présence de forte intensité. D'ailleurs Buck a recommencé à gronder. Je me penche vers lui.

— Doucement, mon chien. Tu ne risques rien et moi non plus. Laisse-moi faire.

J'attaque le rituel des prières. Et je m'aperçois qu'il y a un élément nouveau. Mes mains ! Elles ne réagissent pas comme d'habitude. Aujourd'hui, elles me font mal. J'éprouve une sensation de brûlure...

— Paula, dis-je, auriez-vous la gentillesse de m'apporter de l'eau ?

— De l'eau bénite ? dit-elle.

Elle a associé prière et eau bénite. Quoi de plus normal ? Les phénomènes inexpliqués prennent les gens tellement au dépourvu ! On voit combien il peut être facile d'abuser quelqu'un quand il est dans l'angoisse...

— Ce n'est pas nécessaire, dis-je. L'eau du robinet fera très bien l'affaire. J'ai juste besoin de me tremper les mains dans l'eau fraîche...

Paula m'apporte de l'eau dans une cuvette. Je reprends bientôt mes prières. Mais au bout de deux minutes, mes mains recommencent à me brûler. Qu'elles brûlent si ça leur chante ! me dis-je. Mais je ressens soudain un mouvement derrière moi. Paula s'agite. Elle s'écrie :

— Michèle ! Regardez vos mains ! Elles fument ! De la vapeur s'en échappe !

— Ce n'est rien, Paula. De l'énergie, sans doute. N'ayez pas peur...

Dix minutes plus tard, tout semble apaisé. Il ne règne plus dans cette cave aucune sensation d'étouffement. Mon travail est terminé.

Nous remontons l'escalier. Le chien aussi s'est calmé.

Une fois dans le salon, j'ai l'intuition d'une sorte de « point de contact entre deux mondes ». Je ressens une présence faible qui ne provient pas de la cave, et qui s'accroche à moi. On dirait une énergie jeune. Buck pousse un gémissement, puis montre des signes de satisfaction. Il ressent la présence de l'« entité », comme disait M. François, mais ne la vit pas comme un danger. Il garde les yeux tournés vers la grande cheminée où est accroché un vieux fusil. Je devine que là, sur cette cheminée, se trouve le point de contact entre les deux mondes. Le vieux fusil ! Il a quelque chose à me dire...

— D'où vient cette arme, Paula ?

— C'est un cadeau d'un ami de mon mari.

— Décrochez-la, voulez-vous ?

Paula me tend le fusil. C'est un Mauser, une arme de fabrication allemande. Et je suis en mesure de lire sa « mémoire ». En effet, au cours des derniers mois, je me suis familiarisée avec cette capacité qu'ont les objets d'enregistrer certains événements. Dès que j'ai le fusil en main, le processus se met en route dans mon corps. Une vision s'impose à mon esprit. Une scène se dessine – toujours en noir et blanc, comme avec Franz. Je vois des tranchées. La guerre de 14. Un jeune soldat accroupi. Ce soldat a peur. Il tient ce même fusil serré contre lui. C'est désormais sa seule protection. Le soldat est si jeune que je suis envahie par un sentiment où l'horreur se mêle à la pitié. Comment ce jeune homme pourrait-il faire le moindre mal, mon Dieu ? C'est encore un enfant !

Un coup de feu éclate quelque part. Je vois du sang se mêler à la terre. Le soldat est mort.

De très loin, me parviennent les gémissements de Buck. C'est lui qui me ramène à la réalité présente. Au salon des Peyrieu. Je viens de vivre les derniers instants d'un enfant qui ne voulait pas devenir soldat. Sa dernière douleur. Une souffrance terrible. Je serre contre moi le vieux fusil. J'ai envie de crier ma colère.

Le jeune soldat s'appelait Pierre. Il devient aussitôt « Petit Pierre » car c'est ainsi que l'appellerait une mère. Il était français… Les visions reprennent. De nouveau les tranchées. Le corps d'un jeune Allemand, maintenant. Hans. Hans est aussi jeune que Pierre. Il a dans le crâne une plaie béante. Seigneur, quelle boucherie ! Pourquoi ai-je le don de voir ? Pourquoi dois-je supporter cette « projection » ? Ne peut-on arrêter le film ? Ces enfants jetés dans la guerre pourraient être les miens ! Ce Pierre est mort à Verdun. Il s'était emparé du Mauser de Hans. Et c'est ce Mauser qui trône aujourd'hui dans le salon des Peyrieu. Si la guerre n'avait pas eu lieu, Pierre et Hans seraient peut-être devenus amis…

Les Peyrieu ont conscience de mon trouble. Ils voient que je suis bouleversée. Je leur dis ce que j'ai vu. Ce que j'ai appris. Et l'horreur que j'éprouve à l'idée que la guerre emporte des enfants…

— N'essayez pas de renier votre don, dit doucement Paula. Grâce à lui, vous faites tant de bien aux vivants et aux morts !

Buck se met à japper. Une bouffée de joie s'empare de moi. Le petit soldat va se libérer, je le sens ! Pierre a besoin de mon énergie pour se dégager tout à fait. Il me traverse comme un coup de vent. Le froid me saisit. Mais Pierre s'accroche encore. Il ne veut pas me quitter. La peur le paralyse…

Buck aboie pour l'encourager.

De mon côté, j'essaie de rassurer le petit soldat. J'y mets toute la tendresse dont je suis capable. La tendresse d'une mère. Ma voix murmure à l'intérieur de moi :

— Rassure-toi, Pierre. Je sens d'autres présences invisibles. Des présences fortes qui veulent t'aider à entrer dans ta vie nouvelle. Détache-toi de mon énergie. Va sans crainte. Pars vers ta vie nouvelle. Allez, encore un effort, brave petit soldat !

Pierre s'est détaché de moi. Il est en route vers sa destinée.

C'est à mon tour d'être épuisée. Épuisée et heureuse cependant. Car j'ai réussi à libérer l'enfant soldat. Je résiste à l'envie de pleurer.

— Paula, dis-je, faites-moi un grand plaisir. Pensez à Pierre de temps en temps. Ainsi il vous assurera de sa protection pendant des années.

Buck me lèche les mains. On dirait qu'il veut m'aider. Il a compris ma peine et ma tristesse. D'ailleurs, depuis mon arrivée, il n'a cessé de réagir avec une justesse remarquable. Il a bien « travaillé ». Il a associé ses forces aux miennes. Par quelle voie ? De quelle façon ? Je l'ignore.

Pierre, depuis tant d'années, était prisonnier de cet objet en bois et en fer. Pourquoi ? Sans doute parce qu'il s'est cramponné à ce fusil dans ses derniers instants, alors qu'il était pris d'épouvante. Cet objet était son bouclier. Il s'y est accroché « de toute son âme ». Et la mort a transformé ces quatre mots en une réalité. L'objet s'est imprégné de cette expression : « De toute son âme. » Est-ce si difficile à concevoir ? Pas pour moi. Quand un être se trouve face à une « mauvaise façon » de mourir, une évidence s'impose à lui : se cramponner au « matériel ». Pour ne pas mourir cette fois, pas de cette manière. Ces sentiments de peur et de refus ont lié le petit Pierre au fusil de Hans. Comme Franz était resté attaché à cette cave où il avait affronté une mort atroce. Pierre et Franz : tous deux ont eu besoin que quelqu'un les aide à dénouer ces liens. Après quoi, ils ont pu partir.

Et voilà à quoi nous servons, nous autres médiums.

Au cours de cette expérience, mes capacités se sont amplifiées. Je suis à présent à même de me projeter mentalement au cœur d'une histoire passée, d'en lire la trace sur un vieux fusil accroché à une cheminée.

Le fusil de Pierre, M. Peyrieu me l'a offert en souvenir. Et aujourd'hui encore, quand je le serre contre moi, il m'insuffle la force d'avancer vers ma destinée, de secourir ceux qui en ont besoin.

Nadia

Je reçois le dimanche suivant un appel de Corinne, une amie avec qui je me suis liée deux ans plus tôt lors d'un mariage où elle m'était apparue comme un vrai boute-en-train. En général, elle téléphone pour proposer une partie de plaisir, sortie ou autre. Mais cette fois, c'est une tout autre chanson.

— J'ai besoin de ton aide ! dit-elle. Pour une personne en plein désarroi. Une infirmière persuadée qu'une malédiction s'est abattue sur sa maison. Elle affirme que ses enfants sont harcelés par des présences invisibles…

L'infirmière en question, prénommée Nadia, deviendra par la suite une de mes meilleures amies françaises.

Mais pour le moment, Corinne m'accompagne chez elle. Je fais la connaissance d'une petite femme dynamique, à la poignée de main bien franche et au regard direct. Exactement le genre d'infirmière que l'on imagine dévouée à ses patients. Elle habite une maison accueillante. Comme moi, c'est une amoureuse des jardins. Je remarque les palmiers magnifiques qui poussent dans la chaude quiétude d'une belle véranda, en compagnie de fleurs exotiques d'un rose surprenant.

Nous sommes conviées à prendre le café au salon. Nadia a préparé des tartes. Tandis que nous les dégustons, elle commence à se confier. Elle tremble, dit-elle, chaque fois qu'elle descend dans son garage.

— J'étouffe. Je me sens agressée. Je suis prise d'angoisse. Et la peur ne me quitte plus. C'est au point que je ne veux plus y aller, tant c'est infernal. Et ce n'est pas tout ! Il y a aussi mes enfants, David et Sandrine. Ils voient presque chaque soir une dame au pied de leur lit. Quand elle est là, ils sont transis de froid.

Je commence à bien connaître ce genre de symptômes. Mais tandis que Nadia s'ouvre de ses problèmes, mon attention est attirée par quelque chose : une ombre fugace passée dans le couloir donnant sur la véranda. Je me lève doucement. Arrivée à la porte, je ressens la présence de cette entité dans la chambre des enfants. Je peux même dire qu'elle se trouve entre le bureau du petit garçon et son lit. Elle se tient droite, immobile. Elle ne cherche nullement à fuir. C'est une jeune femme dont le regard est fixé sur la fenêtre de la cour, à l'arrière de la maison. Un froid glacial s'abat sur mes épaules.

— Qui êtes-vous ? dis-je. Avez-vous besoin d'aide ?

Pour toute réponse, la jeune femme désigne le sol. Je remarque qu'elle a les doigts d'une maigreur effrayante.

J'interprète ce geste comme une confirmation : le problème se situe bien au sous-sol. Je décide d'aller y voir de plus près. Suivie de Corinne et de Nadia, j'emprunte l'escalier qui mène au garage et aux deux caves. Mais à la porte du garage, une force me barre le chemin, tandis que le froid se fait plus pressant. Mais je ne veux pas me laisser intimider par cette résistance. Je n'ai pas non plus l'intention de l'affronter. Ce que je veux, c'est essayer de comprendre son langage.

Et soudain une vision assez forte m'apparaît. Je vois un groupe de personnes habillées – me semble-t-il – comme au Moyen Âge. Ces gens me dévisagent, mais leurs regards sont privés d'expression. Ils portent des vêtements en lambeaux. Au fond de la pièce, j'aperçois des formes plus petites. Ce sont des enfants. Ils sont frêles. Ils ont manifestement souffert de malnutrition. Et tous ces gens, en général, semblent rongés par une maladie. Ils sont entourés d'une teinte grise et noire. J'apprendrai plus tard que l'on appelle cette émanation une « aura ». Je découvrirai aussi son rôle : c'est un indicateur de vitalité. Mais pour l'instant, j'ignore encore tout de cette notion. Et je suis effrayée par ces gens prostrés, aux traits dépourvus d'expression.

Observant que l'un des enfants est entouré d'un halo plus clair que les autres, je choisis instinctivement d'entrer en contact avec lui. Je lui demande :

— Qui es-tu ?

L'enfant pointe le doigt vers le sol. Je baisse les yeux dans cette direction. Et je vois nettement des corps amoncelés, entourés de gens à la tête protégée d'une cagoule. Ces êtres encagoulés déversent sur les corps un liquide foncé. D'autres portent des torches. Quand le liquide est répandu, on lance les torches sur les corps. Le feu jaillit dans une odeur nauséabonde. C'est épouvantable. Soudain, j'ai envie de vomir. Mais une autre vision s'enchaîne à la première. Je découvre que l'endroit où je me trouve en ce moment précis est le site d'un ancien village. Ce village est traversé par une rue en terre que parcourent des chariots chargés de corps sans vie. Je comprends alors que la cause de toute cette désolation n'est autre que la peste noire.

Je sais maintenant ce qui hante la maison de Nadia. C'est la mémoire de ce malheur. Une mémoire qui continue d'imprégner le terrain sur lequel est bâtie la maison. Ces pauvres esprits prisonniers, tourmentés, n'ont aucune intention de faire le moindre mal à Nadia et à sa famille ! Ils ont seulement besoin d'aide. Et c'est vers les enfants qu'ils se tournent désespérément, attirés par l'énergie qui émane de leurs jeunes années.

Nadia me fait observer que le froid est toujours aussi perçant. La température est tombée de manière anormale. Je sens qu'il me faut agir vite. Nous sommes en présence d'une force inouïe. Je demande qu'on allume une bougie. Corinne s'en charge d'une main que la peur, bien plus que le froid, fait trembler – elle d'habitude si intrépide ! Très rapidement, la force de ces esprits se fixe sur moi. Mais je n'ai aucune crainte. Je respecte cette force, et elle le sait. En revanche, Nadia claque des dents. La flamme de la bougie vacille. Une voix faible s'élève :

— Aidez-nous !

Je commence à lire une prière, celle qui permet de libérer les morts prisonniers des tourments. La réaction de la force consiste à me frôler et à me tourner autour : elle me teste. Je ne dois pas laisser voir la moindre faiblesse. Mais je n'ai aucune raison d'avoir peur. Je suis ici pour venir en aide à ces victimes. Il faut que le respect s'établisse de part et d'autre. C'est la condition de tout dialogue. Même d'un dialogue aussi singulier.

Je demande à Dieu de me soutenir de Son amour. Aussitôt l'intensité de la force diminue. Elle prend conscience de l'aide que je lui apporte. Je vois s'élever l'un après l'autre les esprits de ces malheureux. Manifestement ils se libèrent, comme délivrés, après des siècles de douleur ressassée.

La température remonte légèrement. Une harmonie est en train de s'installer entre ces êtres. La plupart ont déjà disparu. Certains de ceux qui sont encore visibles ont une aura différente, plus lumineuse. Pour d'autres, l'aura n'a pas changé : ils restent encore sous l'emprise de la peur. C'est vers eux que je dois orienter mes efforts. Je leur parle mentalement :

— Libérez-vous ! Vos chaînes appartiennent au passé. Elles n'existent plus. La maladie n'existe plus. Élevez-vous vers le merveilleux.

Des énergies m'effleurent les cheveux et les épaules. Est-on en train de me dire adieu ? La vision devient de moins en moins perceptible. Bientôt, tout est terminé. Ils sont partis. Ils sont sur le chemin de l'au-delà.

Peu à peu, la température redevient normale. Pourtant, je sais au fond de moi qu'il reste en ce lieu quelque chose de négatif. Mon regard est attiré vers le sol. En me concentrant à nouveau, je distingue une trace foncée – la trace de la peste noire. Comment la faire disparaître ? Une voix me murmure un conseil :

— Bénis-la dans la force des trois croix.

J'ai confiance. J'écoute cet avis. Je prononce la formule :

— Je te bénis dans la force des trois croix.

La tache disparaît, comme absorbée par un papier buvard.

J'ai un bourdonnement d'oreille. C'est le signal d'autre chose encore... Une sensation de vertige me saisit. Je m'assieds un instant. Le temps de récupérer. J'ai peut-être puisé trop fort dans mes réserves d'énergie. Quand je me relève, la pièce résonne d'une mélodie apaisante et douce chantée à plusieurs voix comme par une chorale. Un au revoir, sans doute. Un bel au revoir que je n'oublierai pas.

Nadia et Corinne m'interrogent du regard. Je leur dis ce que j'ai vu. Je raconte ce qui s'est passé. Elles sont perplexes, inquiètes. Je les rassure :

— Tout est fini. N'ayez pas peur. Ces malheureux esprits sont en paix, maintenant, dans leur évolution.

*

* *

Je l'ai dit, chaque nouvelle intervention m'offrait l'occasion de me former un peu plus. Chez Nadia, par exemple, j'ai su que je savais évaluer l'aura des esprits. J'ai appris également qu'il ne faut pas essayer de contrôler les puissances de l'invisible, mais s'efforcer plutôt de se mettre à leur écoute. C'est un peu comme tenter de capter une fréquence radio – une fréquence qui serait celle de l'amour. Quand on y parvient, il se produit bel et bien un dialogue. Ce jour-là, chez Nadia, les esprits tourmentés m'ont permis aussi de percevoir l'harmonie qui accompagne le niveau suivant de leur évolution. Cet au-delà est tout proche de nous. Il suffit de lui ouvrir son cœur.

Tout cela semblera bien étrange, sans doute, bien difficile à croire. Allons donc ! Il serait possible de percevoir tout à coup les auras et leur sens ! Eh bien, oui. C'est bien ainsi que les choses se présentent. Ensuite il faut apprendre. Non pas une quelconque théorie. Il s'agit plutôt d'attraper une espèce de « coup de main ». L'apprentissage exige surtout de l'habileté et de l'intuition. À un moment, quelque chose bascule, un déclic se produit. Alors ça y est ! Le « coup de main » est pris. On est en mesure d'accueillir l'échange, de ne plus se fermer à ce qui arrive.

Je me demande parfois comment j'ai réussi à traverser ces expériences sans devenir folle ou mégalo. Beaucoup, à ma place, auraient sûrement craqué. Mais ces phénomènes, Dieu merci, ne se produisent pas sans arrêt. D'ailleurs, le fait de les extraire de leur contexte pour les raconter fausse un peu la perspective. Car, en ce qui me concerne, la vie quotidienne a toujours repris ses droits, son poids, ses joies, dans l'intervalle qui séparait deux expériences. J'ai des enfants, un mari et une maison à tenir, c'est aussi mon rôle sur terre.

La vieille abbaye

Un jour de juillet, je me prépare à déplier ma chaise longue sur la terrasse quand une voiture s'arrête devant la maison. Une minute plus tard, on sonne à ma porte. C'est mon amie Rita. Elle est en pleurs.

Rita est directrice d'un centre pour personnes trisomiques, établissement qui a la chance d'être installé dans une ancienne abbaye cistercienne. Nous nous sommes connues lors d'une conférence, grâce à une amie commune, psychologue pour enfants. Rita me dit entre deux sanglots :

— Il faut que tu viennes au centre, Michèle ! Il règne dans mon bureau une insoutenable odeur de cadavre.

Elle est certaine que c'est une histoire d'esprits qui ne parviennent pas à s'échapper. Le diagnostic est peut-être juste. Encore faut-il être capable de garder son calme. Je fais mon possible pour apaiser Rita, puis nous nous mettons en route.

La vieille abbaye est une grande bâtisse accueillante devant laquelle s'étendent des massifs de roses rouges. Franchi le seuil de l'enceinte, on pénètre dans une cour intérieure où l'on a installé des bancs en demi-cercle à l'intention des pensionnaires. Nous sommes accueillies par des jeunes filles trisomiques parfaitement souriantes, dont certaines sont coiffées de chapeaux de paille. Beaucoup auraient envie de parler, mais le devoir m'appelle !

— Allons voir ton bureau, dis-je à Rita.

En effet, la pièce est envahie d'une odeur pesante, nauséabonde. Je sens des présences inquiètes.

— Tu vois ! dit Rita.

— L'odeur vient du sous-sol.

À l'instant où je prononce ces mots, les caves m'apparaissent distinctement sous la forme d'une vision : un souterrain rejoignant une autre abbaye. Je demande à Rita si elle sait quelque chose à ce sujet.

— Les anciens du village en parlaient, répond-elle. Mais le souterrain n'existe plus. Tout s'est effondré il y a longtemps.

Donc, il est impossible d'aller jeter un coup d'œil.

— Puisque je ne peux pas descendre, dis-je, je vais essayer de faire le travail depuis ton bureau.

Des fourmillements me montent dans les jambes. C'est un indice. Des énergies négatives – souffrance, peur – émanent de la terre. Je me penche pour me concentrer. Je vois alors le plancher changer de forme et prendre l'aspect d'un nuage laiteux à travers lequel je distingue des personnages qui marchent en file indienne. Des murmures s'élèvent, pareils à des prières psalmodiées à voix basse. Ce sont des moines. Ils traversent le souterrain. Leurs plaintes montent jusqu'à moi. Ils souffrent. Ils portent les mains à leur gorge. Ils étouffent. Les corps se recroquevillent sur eux-mêmes. L'odeur est de plus en plus forte. C'est alors que l'un des moines m'indique la direction d'une autre aile de l'abbaye. Il a le visage creusé par la souffrance et l'épouvante.

D'après les indications données par ce moine, il existerait une cave à l'arrière de l'abbaye. J'en parle à Rita. Nous décidons d'aller nous rendre compte sur place.

Pour gagner l'ouverture de la cave, il faut traverser une pelouse au centre de laquelle se dresse un arbre majestueux. Un séquoia.

— Il est malade, dis-je. Il perd ses forces. Des événements appartenant à des époques différentes se télescopent ici…

Rita le sait, que son arbre est malade ! Mais les spécialistes qui l'ont examiné n'ont pu formuler le moindre diagnostic. Ces explications me persuadent que l'arbre a besoin de moi. Je pense qu'il est lié à un secret. J'ai la conviction que c'est lui qui va me guider. Pour cela, je dois commencer par avoir confiance en lui. J'ai lu que certaines personnes étaient capables d'échanger avec les arbres. Pourquoi pas moi ? Je vais essayer…

Je me concentre. Et je ne tarde pas à avoir l'impression de communiquer avec l'arbre. Je ressens comme une pulsation. Il me semble entendre battre son cœur. Le phénomène est très étrange. Il est différent de tout ce que j'ai connu. Je ne perçois pas des mots à proprement parler, mais il est évident que le courant passe entre l'arbre et moi. Quelque chose circule. L'arbre m'infuse de l'énergie. L'expérience dure vingt minutes. Et puis, tout s'arrête. Le contact est rompu.

L'envie me prend de caresser l'écorce de cet arbre comme on flatte un animal pour le rassurer. Je veux aussi le remercier, car il m'a permis de découvrir une nouvelle possibilité d'échange entre la nature et moi. Tandis que je presse ma joue contre son tronc, les yeux tournés vers la bâtisse, je vois passer une forme fuyante. C'est l'entité d'un enfant. Elle disparaît aussitôt dans la fente du vieux mur d'enceinte. J'ai l'intuition qu'il s'agit de l'élément que je recherche. À présent, je suis prête à me laisser porter par l'enchaînement des circonstances qui vont suivre. Je m'approche du mur, et de la fissure où s'est glissée l'entité.

Le contact avec ce spectre d'enfant s'établit presque tout de suite par une image qui se matérialise à côté de moi. Je suis habituée à ce genre de phénomènes, désormais. J'arrive à les accepter facilement. À les prendre tels qu'ils se présentent. L'enfant m'apparaît comme un petit être en noir et blanc projeté dans notre monde coloré. Il se tient debout près du mur, devant le lierre. Il n'a guère plus de sept ans. Son visage et ses vêtements sont gris. Il m'invite à regarder à travers la fente du mur. Je me penche. Et je découvre alors le village qui entourait jadis l'abbaye. Les maisons sont petites. Des personnages travaillent alentour. L'enfant se trouve au cœur de ce paysage. Il me fait signe. Il m'amène à comprendre que son travail consistait à porter de l'eau à l'abbaye. Il va pieds nus, vêtu d'une simple tunique et ployant sous la charge. Le travail a meurtri ses mains. Ses jambes se couvrent de plaies. Il tente manifestement d'échapper à la vigilance des moines dont il est, semble-t-il, le serf. Voilà la raison pour laquelle ce pauvre esprit tourmenté est resté prisonnier de l'abbaye. Il n'a croisé ici qu'un seul ami : l'arbre. Il a fini par y trouver refuge. Il s'est blotti dans l'énergie de l'arbre. Mais ainsi, il affaiblit son protecteur. Il le parasite. Il finira par le faire mourir.

Au-delà du mur d'enceinte, vivent les siens. Il lui faut les rejoindre pour retrouver la paix. M'adressant à Rita, je dis :

— Il manque un bâtiment contre ce mur. Cherchons derrière le lierre s'il ne reste pas les traces d'une construction.

En écartant les feuilles, nous finissons par découvrir les trous où devaient s'enfoncer les poutres d'une remise dont la porte donnait vers l'extérieur et le village. Je me remets en contact avec l'esprit de l'enfant.

— Écoute-moi, dis-je. Je vais envoyer mon amour vers la porte. La lumière te permettra de passer de l'autre côté.

Je me concentre, tout en m'efforçant de visualiser l'opération. Car je dois maintenant compléter ce décor. Le seul moyen d'aider ce petit être à quitter sa prison consiste à recréer, en la visualisant, la porte de la remise qui deviendra son issue.

La chose est bientôt faite. Je découvre l'ensemble du décor : la campagne environnante, les gens à leur travail, la remise. Je suis gagnée par une paix profonde. Le petit garçon a disparu. Une fraction de seconde lui a suffi pour s'enfuir, pour franchir cette porte enfin ouverte, union entre deux univers, le nôtre et le sien.

Le rideau du théâtre retombe. La lanterne magique s'éteint. Le film en noir et blanc est terminé. Il ne reste plus devant moi qu'un mur antique fissuré, mangé par le lierre. J'explique à Rita ce qui vient de se produire. L'enfant, lui dis-je, est passé « de l'autre côté ». Il nous reste à retourner dans le bureau, où ces pauvres moines sont toujours enchaînés dans la prison de leur souffrance.

Nous retrouvons le bureau et l'odeur putride qui y règne. Mais je suis fatiguée, à présent. Cette nouvelle épreuve me donne la nausée. Et puis un phénomène supplémentaire intervient : des grincements qui se font entendre derrière la chaise de Rita. Une force, apparemment, s'est libérée. Que veut-elle ?

La lanterne magique se remet à fonctionner : des parchemins couverts de dessins, des plans montrant des couloirs et des issues aujourd'hui disparus. Le moment est venu de réciter la prière. Ma voix se mêle à la cacophonie de grincements et de gémissements montée du souterrain. La puanteur diminue, mais persiste. Je prononce à nouveau les mots. L'odeur disparaît. Ces êtres sont enfin apaisés. Les visions se dissipent, puis s'évanouissent complètement. À présent, nous sommes vraiment seules dans ce bureau enfin rendu au silence. J'avoue ignorer de quoi souffraient ces âmes en peine. Je ne sais de quel mal je les ai libérées. Ce qui est certain, c'est que l'odeur pestilentielle a disparu.

Rita est fatiguée. Moi aussi. Nous avons mérité un bon café. Je m'aperçois que mon amie est troublée. L'expérience a bousculé ses repères et ses certitudes. Certes, elle n'a rien vu de ce qui s'est passé, car les images étaient destinées à moi seule, mais elle a ressenti très nettement la chute de température. Elle a perçu aussi qu'il se passait quelque chose. Elle en est tout impressionnée.

— Comment est-ce possible ? dit-elle.

— Je ne sais pas. Mais ce qui est sûr, c'est qu'il doit exister sur terre bien des endroits où croupissent encore nombre de pauvres âmes prisonnières.

Le bureau est exorcisé. Et c'est le bon terme, même s'il ne me convient pas, car il est lié dans la vision populaire à une dimension religieuse qui n'est pas la mienne. En même temps, je sais que mes prières s'adressent à des saints qui font partie de la constellation chrétienne. Comment tout cela fonctionne-t-il ? Je l'ignore. Je suis forcée de constater que l'on peut agir par des rituels de transmission ancestrale. Peut-être même est-ce la seule façon d'intervenir dans tel ou tel cas. À l'évidence, certaines personnes sont plus douées que d'autres, plus réceptives. Mais on peut également penser que tout le monde possède une parcelle de ces capacités, sous une forme plus ou moins développée. Qui peut se vanter de n'avoir jamais vécu d'expérience étrange, radicalement inexplicable ?

Peut-être me sera-t-il donné un jour de découvrir ce qui est à l'œuvre en tout cela. Peut-être cela n'a-t-il aucune importance. Je sais que je dois accomplir ce type de travail. Je sais que des êtres invisibles souffrent, des êtres dont je puis percevoir la présence –

âmes ou esprits, comme on voudra les appeler. Ils se sont retrouvés prisonniers d'un lieu, d'un objet, voire d'une personne. Et leur présence perturbe ceux qui habitent ce lieu, utilisent cet objet, fréquentent la personne. Mon rôle consiste à leur rendre la liberté. Donc à les apaiser. Je suis une accompagnatrice pour les âmes en souffrance et les esprits en exil.

Je ne suis pas gênée par le jugement que l'on peut porter sur ces expériences. Certains doutent de leur réalité. Moi, je les vis. Par conséquent, je ne puis douter. Je n'aime pas les étiquettes sous lesquelles on range ces phénomènes en les qualifiant de « paranormaux » ou d'« extrasensoriels ». Au fond, ne cachent-elles pas la grande ignorance qui est la nôtre ? Car que savons-nous de la vie dite normale, de la conscience, de la mémoire ? Peu de chose. Je ne suis pas plus savante que les autres. Mais l'expérience m'a appris que nos sens, et l'ensemble des phénomènes en jeu dans l'univers, forment un tout qui dépasse les mots, les classifications et les étiquettes. Elle m'a appris qu'il existe deux niveaux du monde. L'un est visible, l'autre est invisible. Ce qui nous arrive résulte en permanence de l'interaction entre eux.

En quittant l'abbaye, je retrouve une des petites trisomiques endormie sur un banc, et je suis touchée par l'harmonie qui émane de son être intérieur. En effet, son énergie dessine une aura qui exprime sa vraie beauté. Comme je l'ai dit, l'aura forme une sorte de nébulosité autour des êtres vivants. Elle semble vibrer plus ou moins selon les personnes. La trisomie est certes un grand handicap, mais lorsque je pose mon regard sur cette jeune fille endormie, je perçois la grâce qui vit en elle, ainsi que le puissant besoin d'aimer et d'être aimée qui l'anime. Cette notion d'aura, au fil des expériences, n'a cessé de me devenir plus familière. Je pense que tous les êtres possèdent la leur. On dit que si tous les hommes s'ouvraient à la perception de l'aura, ils s'ouvriraient en même temps à celle de l'« autre côté » du monde. Je ne sais si une telle chose sera jamais possible, mais pour moi elle est déjà acquise. J'estime qu'avec l'aura, s'exprime une sorte de langage. Un langage intérieur aussi riche, sinon plus, que le langage ordinaire ; un langage qui est celui des sentiments et des émotions.

J'ai ramené de cet épisode deux merveilleux souvenirs. J'ai su que je pouvais communiquer par l'énergie des arbres, et j'ai été émue par la beauté profonde de la petite trisomique endormie sur son banc, avec son aura qui émanait d'elle. Malheureusement, je ne peux rien contre son handicap, et mon impuissance devant elle – comment agir au niveau génétique ? –, je la vis comme une injustice. Elle m'a rappelé ce jour-là que la tendresse dépasse les limites de mon « don ». Mais c'est douloureux d'aimer sans pouvoir faire de bien. Le grand séquoia, en revanche, quelques semaines après la délivrance du petit garçon, était complètement guéri. C'est aujourd'hui un arbre tout vibrant de santé et d'énergie contre lequel, souvent, je viens reprendre des forces.

*

* *

Je l'ai déjà dit, je n'ai guère étudié. Les livres ne sont pas ma façon d'apprendre. Le métier rentre au fil de l'expérience. Cela vient du corps, et c'est intégré aussitôt naturellement. C'est un peu comme poussent les plantes, si l'on veut : je ne cherche pas à m'emplir de connaissances. En vérité, quelqu'un qui possède des états de réceptivité comparables aux miens leur fait confiance. Il se fie à ce qu'ils contiennent et à leur propre façon de progresser. Il sait d'instinct que les forces qui l'habitent sont de bonnes forces. Il sait aussi que plus on s'ouvre à la bonté, plus on en reçoit, et plus on est à même de donner. Pour moi, il est évident qu'aucun raisonnement ne me permettra de progresser dans ce domaine. C'est seulement une question d'ouverture spontanée de soi-même.

Cependant, les livres, s'ils n'augmentent pas mon savoir, me permettent de situer ce que je vis. J'ai cherché par exemple à savoir ce que les livres disaient de l'aura, et j'ai vu que beaucoup de sceptiques se contentent tout bonnement de nier son existence. Je les comprends. Ils ne veulent croire que ce qu'ils voient. Pourtant, je suis convaincue que les humains captent peu alors qu'ils reçoivent beaucoup. Ce qu'ils reçoivent leur demeure invisible. Je crois qu'ils sont équipés, en fait, pour percevoir les auras des autres personnes. Pourquoi ne s'en rendent-ils pas compte ? Voilà qui reste un mystère. Peut-être s'agit-il d'un mécanisme d'inhibition. Pour moi, un voyant est simplement quelqu'un chez qui ces perceptions ne sont pas inhibées.

Quant à l'aura, il s'agit bel et bien à mes yeux d'une composante de nous-mêmes. L'aura est un reflet de nos affects, qui s'étend spatialement plus ou moins près de nous. À mon sens, c'est elle qui déclenche de ce nous appelons la « première impression » en présence d'une personne dont nous faisons la connaissance. C'est elle qui fait que nous nous sentons à l'aise ou pas avec les autres. Certaines personnes, il leur suffit d'entrer dans une pièce pour apaiser, ou au contraire pour agacer toute une assistance. Il y en a qui sont « comme des soleils » : leur rayonnement est un bienfait pour tous. D'autres sont « comme des hydres » : leur corps astral émet des tentacules qui veulent saisir et étouffer tout ce qui passe à leur portée.

L'aura d'une personne vivante révèle une quantité de choses sur elle : état d'esprit, vitalité, santé morale et physique – les deux sont liés. D'ailleurs les bons guérisseurs sont capables d'effectuer des diagnostics d'un seul coup d'œil, ce qui ne manque jamais de surprendre patients et témoins.

Certains auteurs proposent de lire dans les couleurs de l'aura une gamme de sentiments allant de la générosité parfaite à la méchanceté la plus sordide. En l'occurrence, gamme de sentiments et gamme chromatique correspondent l'une à l'autre. Il existe des catalogues qui permettent de les interpréter. Mais ils sont inutiles dans mon cas : j'ai mon propre nuancier, et il est instinctif.

Prenons la spiritualité. Les personnes qui vivent authentiquement leur vie spirituelle sont connues pour être nimbées d'une sorte de nuage doré, autour de la tête en particulier. Les icônes et les images pieuses témoignent de ce phénomène. Les sentiments mauvais aussi environnent les personnes ; mais il s'agit alors de nébulosités brunes, voire carrément noires. Le langage familier comprend d'ailleurs des expressions telles qu'« humeur noire » ou « noir dessein ». C'est que le parler populaire associe spontanément les sentiments aux couleurs. Et il n'y a là aucun hasard. Ces locutions traduisent une réalité concrète.

Tous les êtres vivants possèdent une aura. Les humains ont la leur, mais aussi les animaux et les plantes. Les animaux perçoivent probablement notre aura. En tout cas, une communication se produit avec les animaux et les plantes, dont nous sommes le plus souvent inconscients. Là encore, il peut s'agir d'une communication positive ou négative. J'ai connu des êtres assez engagés dans la voie du mal pour faire crever des plantes sur leur passage.

On m'opposera que tout ce que j'attribue à l'aura peut être « lu » en décodant la physionomie des gens, leur mimique, leur gestuelle, le ton de leur voix. C'est possible. Tout est langage. Les visages, les gestes, les postures sont autant de moyens permettant de communiquer. Mais l'argument exclut-il la possibilité que l'aura existe ? L'aura est un de ces moyens, ni plus ni moins important que les autres. Dans maintes cultures dites primitives, les gens la regardent comme un phénomène parfaitement naturel. Cela ne veut pas dire qu'ils vivent mieux que nous. Simplement ils vivent d'une autre façon. Ils traitent autrement les informations qui leur parviennent.

Il est en tout cas certain que l'aura révèle parfois des sentiments que des gens préféreraient cacher. Tout se passe comme si elle matérialisait leurs pensées et les rendait lisibles. Qui sait la percevoir aura connaissance aussitôt des sentiments qui habitent une personne. Car il est vrai que nous « projetons » nos pensées – le mot ne saurait être mieux approprié. Nous ressemblons parfois à ces éruptions de la couronne solaire telles que nous les montre la télévision. Quand le soleil « se fâche », il émet des écharpes de gaz que nous voyons se tordre comme des fouets. C'est « le vent solaire ». Il fait songer à une tempête. C'est un peu à cela que l'aura ressemble.

C'est pourquoi les pensées, pour les médiums, prennent des formes concrètes. D'ailleurs on appelle quelquefois les émissions de l'aura des « formes pensées ». Elles sont capables de cheminer très vite. Elles peuvent couvrir des distances considérables. Quand un individu « rayonne de bonté », son aura ressemble à un soleil projetant des flammèches sur son entourage. Mais l'angoisse aussi rayonne. Et les mauvaises pensées prennent la forme de ces ombres maléfiques échappées de l'aura du « sorcier ». En pareil cas, il ne faut opposer au phénomène qu'une seule chose : l'amour. Et tant pis si mon propos sonne comme celui d'un prédicateur.

Il m'est arrivé d'aborder le sujet de l'aura avec des scientifiques, et j'ai obtenu une palette de réactions assez variée. Certains écoutent sans juger, mais d'autres se braquent et se blindent. S'ils savaient alors combien leur aura se transforme ! Ils seraient surpris de ce que je vois émaner d'eux. Car les sentiments qui affectent une personne modifient spectaculairement son aura. Quand quelqu'un se ferme, par exemple, je vois son aura prendre la forme d'une coque plus ou moins opaque. Et quand ce repli sur soi s'accompagne d'agressivité, l'individu ressemble à un vrai hérisson. Au point qu'il m'arrive d'éclater de rire, ce qui déconcerte totalement mon interlocuteur.

Le puits maudit et la jambe de bois

Cet été-là, on fit de plus en plus souvent appel à mes services, au point que je me sentais devenir une sorte de consultant permanent pour lieux en détresse, une spécialiste des maisons hantées et des énergies captives. Toutes mes interventions, du reste, avaient un air de famille. Pour ainsi dire, je voyais s'installer une sorte de routine. Un schéma se répétait. Car les problèmes étaient comparables. Les gens avaient la même façon d'être pris au dépourvu par le surgissement de l'invisible. La même façon aussi d'accueillir le retour du bien-être et de la tranquillité.

Pourtant il y eut des épisodes particulièrement mémorables, comme l'affaire de la jambe de bois et du puits condamné.

Tout commence par une belle promenade qui nous emmène, mon père et moi, au cœur de l'Ardenne belge. M. et Mme Dhorne habitent une maison modeste, comparable à beaucoup d'autres, et qui n'a rien de remarquable au premier abord. À notre arrivée, je note que Mme Dhorne est anxieuse, bien qu'elle s'efforce de n'en rien laisser paraître. Visiblement, nous sommes les bienvenus.

Un étroit couloir nous conduit à une cuisine à l'ancienne, avec son vieux fourneau à colonnes où repose une casserole emplie d'herbes aromatiques qui embaument la pièce. Près du fourneau, un panier accueille des chatons. Je dis à Mme Dhorne ma tendresse pour les chats. Elle me répond que ces chatons, justement, la préoccupent. Leur mère refuse de les nourrir. C'est elle, Mme Dhorne, qui est obligée de le faire. En effet, je note que la chatte – elle s'appelle Finette – s'approche du fourneau avec crainte. Sachant la réceptivité des animaux pour l'invisible, je me dis qu'elle doit avoir conscience d'un danger menaçant ses petits.

Un peu plus tard, nous allons dans le jardin retrouver M. Dhorne. L'espace est divisé en deux parties : les fleurs et le potager. Mme Dhorne soigne les premières, et son mari fait pousser les légumes. Mon père et M. Dhorne attaquent bientôt une vigoureuse discussion sur le thème du jardinage. Pendant ce temps, je m'éloigne avec Mme Dhorne qui tient à me faire admirer ses géraniums, ses roses rouges, sa glycine, ses capucines et l'abondance de ses delphiniums bleu cobalt. Comme nous atteignons le fond du jardin, Mme Dhorne ne peut plus cacher son inquiétude. Je m'aperçois même de ses efforts pour refouler ses larmes.

— Nous sommes à bout de nerfs, me dit-elle. Toutes les nuits, vers 2 heures du matin, nous entendons des bruits sourds. Et ça dure au moins une heure.

— D'où viennent-ils, ces bruits ?

— De la cave !

— Vous permettez que j'aille jeter un coup d'œil ?

Elle permet. Et comment ! J'appelle papa pour qu'il nous accompagne.

Alors que je descends l'escalier, une présence de forte intensité se manifeste en me frôlant les jambes et la colonne vertébrale.

— Tu sais, me dit mon père, même sans avoir tes dons, je sens que quelque chose se balade ici. Ça nous tourne autour.

C'est d'une présence agressive qu'il s'agit. Elle tente à la fois d'effrayer et de dissimuler. Mais on peut éviter de voir la peur tuer l'esprit. Il suffit de ne pas lui accorder d'importance. Il faut l'ignorer.

J'essaie de me concentrer sur cette idée. La présence, elle, essaie de me détourner de mon objectif. Quelque chose me dit que l'entité ne lèvera pas le camp sans offrir une solide résistance. Je décide de me camper dans la pièce. J'aspire une grande bouffée d'air. Je m'efforce de faire redescendre la paix en moi. Et je vide ma conscience.

C'est alors que m'apparaît, peu à peu, un homme d'une soixantaine d'années. Comme d'habitude, la vision est en noir et blanc. Je distingue une chemise à rayures aux manches retroussées. L'inconnu porte aussi un pantalon sombre tenu par des bretelles. Il est coiffé d'un béret noir qui lui cache en partie les yeux. Son visage est rond. Sa poitrine se soulève rapidement. Je saurai par la suite que cet homme souffrait de graves problèmes respiratoires.

Pour le moment, il se tient le genou de sa main droite, et tout son être exprime un grand tourment. Il semble vouloir cacher quelque chose. Ma vision se précise. Je finis par distinguer une jambe de bois. C'est cette prothèse qui résonne la nuit. C'est elle qui terrifie les Dhorne.

Avec douceur, je parle à ce spectre dont l'image devient floue un court instant, avant de se stabiliser à nouveau. D'un geste vers la fenêtre, il m'indique la cour extérieure. Puis tout se passe comme à l'abbaye : mon interlocuteur se trouve subitement intégré à un décor particulier. Je le vois qui travaille la terre, occupé à un dur labeur.

L'idée me vient que la mort l'a saisi par surprise, et qu'il s'est trouvé pris au dépourvu dans cette sorte de perpétuité dont il ne voulait rien savoir. Car c'est un fait, l'instant de la mort exige de nous que nous apprenions à devenir autre. Il ne s'agit pas de rester enraciné là où l'on a vécu, ni dans ce que l'on était. Il semble que je sois venue ici avec mission de lui expliquer cette vérité ; pour l'aider à se « mettre en route ».

— Il faut me faire confiance, dis-je. Je vais te montrer le chemin.

Mais quelque chose le retient dans cette cave. Quelque chose qui le tourmente. Il ne partira pas tant que je n'aurai pas éclairci ce point.

Mon intuition est attirée par un vieux buffet. Je l'ouvre. J'y trouve un pot en verre empli de sel. Je me tourne vers mon père et lui tends le pot en disant :

— Papa, sois gentil d'aller jeter ce sel dans le puits de la cour. Fais vite…

Le pot de sel n'était pas là par hasard. Il en émanait de bizarres influences. Un médium avait dû le déposer dans le buffet pour aider et protéger les Dhorne. Pourquoi ne m'en ont-ils pas parlé ?

— Fais vite, papa !

Mais mon père ne bouge pas. Il est comme paralysé. Tant pis. Je commence à réciter les prières destinées à libérer le vieil homme. Comme j'en ai eu le pressentiment, la bataille s'annonce rude.

En effet, l'unijambiste s'agite. On dirait qu'il se débat.

— C'est plein de toiles d'araignées ! dit mon père en regardant le plafond. Je les sens partout !

— Non, papa. Ce ne sont pas des araignées. Ce sont des présences étrangères. J'ai fait appel à elles...

C'est la première fois que mon père se trouve confronté à un phénomène relevant de l'« autre côté ».

L'unijambiste est en train de disparaître. Je sens qu'il s'en va lentement, escorté par les autres présences. J'ai l'impression que c'est fini. Mais le sel est toujours là ! Vite, nous remontons l'escalier. Nous traversons la cour. Nous nous approchons du puits. Papa ouvre le pot et en jette le contenu dans le puits. Au contact du sel, l'eau se met à bouillonner. Je me penche par-dessus la margelle. C'est alors qu'une nouvelle vision me parvient. Une vision épouvantable. Celle d'un bébé mort, recroquevillé sur lui-même. Une fillette de deux mois. Et son histoire se révèle à la minute même. Une histoire affreuse. L'enfant, il y a longtemps, a été jetée dans ce puits par un homme jaloux.

La vision disparaît. Cet esprit-là aussi, il me faut l'aider à trouver la voie des anges. Je récite à nouveau la prière. Et je ne tarde pas à entendre des pleurs d'enfant monter du fond du puits. Étant mère moi-même, l'expérience m'est douloureuse. Mais je tiens bon, soutenue par la volonté de délivrer la petite âme.

À mon grand soulagement, les pleurs cessent au bout de quelques minutes. Je me penche par-dessus la margelle. Aucune vision n'apparaît. Je ne distingue rien d'autre que la surface limpide et calme. Cette fois, semble-t-il, j'en ai bel bien fini. L'homme à la jambe de bois est parti vivre sa vie dans l'au-delà. Le pot de sel nous a conduits au puits. Existait-il un lien entre l'unijambiste et l'enfant noyée ? Je l'ignore. En revanche, je sais que le calme est revenu en ces lieux.

Nous regagnons la maison. Finette accourt et se frotte à mes jambes. La voilà câline, maintenant. Elle décide de nous précéder, non sans se retourner pour s'assurer que nous la suivons. Dans la cuisine, j'ai la sensation très nette que la maison tout entière respire mieux. Finette entre dans son panier. Elle ronronne. Les chatons se blottissent contre elle. D'une caresse, je dis au revoir à la chatte et à ses petits.

Un grand signe de la main à l'adresse des Dhorne – ils sont rassurés. Papa et moi, nous nous remettons en route à travers la profonde et mystérieuse Ardenne.

Sur le chemin du retour, mon père me confie :

— Franchement, je ne croyais pas qu'il pouvait se produire des choses pareilles. Je m'incline, Michèle : c'est un fait.

— Papa ! Le plus important n'est pas de faire la preuve que l'invisible existe ! L'important, c'est d'avoir fait la rencontre de ce boiteux, et de l'avoir aidé à en finir avec son malheur.

Deux mois plus tard, Mme Dhorne m'a téléphoné. L'histoire de l'homme à la jambe de bois l'intriguait, ainsi que son mari. Aussi a-t-elle effectué des recherches dans les archives communales. Elle a découvert la trace d'un ancien propriétaire de leur maison, un homme surnommé Jean le Boiteux, justement. Elle a même pu mettre la main sur de vieilles photos datant de l'époque où l'unijambiste était enfant. Mme Dhorne me dit aussi :

— Vous avez sûrement remarqué cette fougère malingre qui poussait sur la paroi du puits…

— Bien sûr…

— Eh bien ! Si vous la voyiez maintenant ! Elle déborde de la margelle, figurez-vous !

Il y avait là, sans doute, un signe.

La Bible et les lunettes

En décembre, je suis appelée à Bastogne, dans les Ardennes belges, par un couple assez jeune, les Lancry. Ils ont acheté deux ans plus tôt une maison de rêve située dans un endroit paisible, en bordure des forêts. À mon arrivée, la jolie barrière blanche est ornée de houx.

— Entrez vite au chaud, me dit Mme Lancry d'une voix anxieuse.

Ils m'ont fait venir à cause d'un phénomène touchant leur petite fille de sept ans prénommée Amandine. Chaque soir, la fillette parle avec « un gentil monsieur qui est près de son lit ». Elle est la seule à le voir. Et il n'est guère « gentil » avec les parents puisqu'il frappe des coups dans un vieux bureau acheté aux puces. Mme Lancry aime les meubles anciens car ils conservent, dit-elle, « la mémoire de ceux qui les ont possédés ». Elle ne croyait pas si bien dire.

Sur le bureau en question, qui se trouve dans le salon, reposent une lampe à abat-jour bleu, un tapis au crochet, une paire de lunettes rondes et une bible ancienne. Dès mon arrivée au seuil de cette pièce, une présence glaciale se dresse devant moi, comme pour m'empêcher de passer. Je n'ai pas peur. Je continue d'avancer. Lorsque je tends la main vers les lunettes, la présence réagit en l'enveloppant de son énergie. Cette présence est nettement agressive : je ressens des picotements sur le dos de ma main et dans ma paume.

Je prends les lunettes. Je constate que la bible est ouverte à l'Apocalypse de Jean, une description prophétique de la fin du monde, comme chacun sait. Par un effet immédiat, des images de guerre se présentent à moi. Je vois des soldats tomber sous le feu des balles. Je situe l'action dans les forêts des Ardennes. Un soldat mort, adossé à un arbre, a un trou dans la tempe. Il serre encore entre ses doigts une paire de lunettes – ces mêmes lunettes que je viens de prendre sur le bureau, et que Mme Lancry a achetées à la brocante en même temps que le meuble.

L'esprit de ce pauvre soldat est en souffrance. Je sens qu'une force intérieure me pousse à prendre connaissance de cette page de saint Jean. Je commence à lire. Et peu à peu tout se précise. Je comprends que les lunettes déposées sur cette bible ont réveillé l'esprit du soldat. Sans doute est-il resté prisonnier des tourments de la guerre, comme une mouche dans une toile d'araignée. À présent, il a désespérément besoin d'aide. Et cette aide, il la cherche auprès des Lancry en frappant des coups – ces coups qu'ils prennent pour une menace, et qui sont tout bonnement des appels au secours. Et s'il apparaît à la petite Amandine, c'est qu'elle est la seule à être à même de le voir, grâce à sa psyché d'enfant toute neuve.

Je repose les lunettes. Je referme le livre. J'explique aux Lancry ce que j'ai vu et compris. Je me prépare ensuite à entrer en contact avec l'esprit du malheureux.

— Je suis là pour t'aider, dis-je. Viens, approche, n'aie pas peur…

C'est un peu comme apprivoiser un animal épouvanté. Il hésite. En même temps, il a envie de se rapprocher. Il entre en contact avec mon énergie. Il repart aussitôt.

Mme Lancry est apeurée, paniquée même. Elle ressent l'entité comme s'il s'agissait d'une bête malfaisante – et comme une menace d'autant plus angoissante qu'elle ne la voit pas.

— Elle ne veut pas partir ! dit-elle d'une voix pénible.

Je réplique :

— Allez chercher Amandine, voulez-vous ? Avec elle, je pense pouvoir réussir à rétablir le contact…

Je ne peux m'empêcher d'ajouter :

— Essayez de garder votre calme pendant que je travaille. J'en ai besoin.

Quelques minutes plus tard, Amandine est là. Elle n'a pas peur, contrairement à sa mère qui a couru se réfugier dans la cuisine. C'est une fillette souriante. Je lui demande comment s'appelle le gentil monsieur qui vient chaque soir lui rendre visite.

— Je ne sais pas, dit-elle. Je l'appelle mon ami.

— Il te raconte des histoires ?

— Non, c'est moi qui dois lui en raconter !

Des vibrations au sommet de ma tête me signalent que je viens de toucher le point le plus sensible de cet esprit désespéré. Je sais que j'ai mon chaînon manquant : je dois lui raconter une histoire pour l'aider à s'élever dans l'au-delà. M'adressant à Amandine, je reprends :

— Tu aimerais que je te raconte une histoire ?

— Oh, oui !

Je commence à raconter l'aventure de la Petite Fille aux Étoiles, et tandis qu'Amandine m'écoute avec attention, les paupières grandes ouvertes sur ses yeux noisette, je vois la silhouette du soldat apparaître dans l'embrasure de la porte. Je continue mon récit comme si de rien n'était. Mais Amandine a vu la forme elle aussi.

— Regarde ! dit-elle. Il est là, près de la porte. Tu vois qu'il aime les histoires !

Lentement, la présence se rapproche de nous. J'abandonne le récit pour commencer la prière. Mais Amandine ne l'entend pas de cette oreille ! Elle réclame la suite de la Petite Fille aux Étoiles. Me voilà prise entre deux feux. En effet, l'esprit du soldat se fixe dans l'harmonie de la prière, et je ne peux me permettre de le perdre. Impossible de m'interrompre. C'est alors qu'Amandine cède à la curiosité.

— Tu fais quoi ? dit-elle.

— J'essaie d'aider ton ami…

— Pourquoi ?

— Parce qu'il est malheureux. Il voudrait retrouver sa famille.

— C'est pour ça qu'il ne rit jamais ?

Je lui fais signe de se taire. L'esprit du soldat est en train de s'élever. Amandine le voit aussi.

— Il va où ? dit-elle.

— Près du bon Dieu.

La présence disparaît.

— Je ne le vois plus ! s'exclame Amandine. Tu le vois encore, toi ?

— Non. Il est parti.

Je m'approche de la cheminée. J'allume une bougie.

— C'est pour ton ami, dis-je. Pour le petit soldat. Tu veux en allumer une aussi ?

Je m'émerveille du regard de cette fillette. Quelle innocence, dans cette petite âme encore capable d'accepter le monde comme il vient !

M. Lancry s'est montré discret tout le temps qu'a duré la séance, et plus calme que sa femme. Cependant il n'est pas moins impressionné qu'elle. Il se renseigne prudemment :

— On dirait que vous pouvez vivre dans deux mondes en même temps. Je me demande comment vous faites pour tenir.

— Je vis ces événements de façon très simple, vous savez. Avec naturel. Sans trop me tourmenter sur le pourquoi et le comment. Peut-être ces mondes ont-ils toujours existé en moi. Je vois la chose comme une occasion de dialogue. Le dialogue est très important pour moi...

— Je peux revenir ? Il est parti ?

C'est Mme Lancry qui entrouvre la porte de la cuisine.

— N'ayez pas peur, lui dis-je. Il est parti en paix.

— Il est allé rejoindre le bon Dieu ! confirme Amandine. Viens maman. N'aie pas peur.

Je trouve amusant d'entendre une fillette rassurer un adulte.

Un peu plus tard, Amandine me montre sa chambre et ses poupées.

— Tu reviendras nous voir ? dit-elle alors que je m'apprête à prendre congé.

— C'est toi, peut-être, qui viendra un jour me rendre visite.

Ces événements se sont déroulés voici une dizaine d'années. Il n'y a pas longtemps, une après-midi que j'étais dans mon jardin, j'entends quelqu'un qui m'appelle depuis le portail. C'est une superbe jeune fille aux cheveux roux.

— Vous êtes Mme Michèle ? Je suis Amandine ! La petite fille à qui parlait un soldat mort. Vous vous rappelez ?

— Si je me rappelle ! dis-je en allant lui ouvrir. Comme tu as changé !

— Je n'ai jamais oublié l'histoire de la Petite Fille aux Étoiles, vous savez. Mais j'attends toujours de connaître la fin !

Nous éclatons de rire et tombons dans les bras l'une de l'autre.

Le moulin de Théophile

Je l'ai dit, ma vie de famille accapare beaucoup de mon temps, et j'avoue que je n'ai guère envie d'entendre parler d'âmes en peine en pleine préparation des fêtes de Noël, alors que règne déjà dans la maisonnée le parfum du sapin et des bougies. C'est pourtant ce qui devait fatalement arriver. Gilles, Jonathan et Gaétan sont en train de disposer les personnages de la crèche, quand mon mari m'appelle de l'entrée :

— Il y a des gens qui veulent te voir. Encore une histoire de revenants, je parie...

M. et Mme Bailleul, après s'être excusés de nous déranger en un moment pareil, me demandent si je suis bien la personne qui s'occupe des phénomènes insolites. Je les invite à entrer. Je leur offre quelque chose. Ils me parlent de ce qui les amène : une histoire de moulin.

— Il n'arrête pas de tourner, dit Mme Bailleul. Même la nuit !

Et son mari de m'expliquer qu'ils se sont installés dans un moulin rénové dont ils entendent, hélas, la roue tourner sans cesse. Plus précisément, c'est le bruit de la meule qui leur parvient. Alors qu'elle ne bouge pas. Ils sont persuadés d'avoir affaire à un fantôme. Ils ont besoin d'aide. Ils sont en plein désarroi.

Mon mari, qui a entendu la conversation, me fait comprendre que je dois y aller : il veillera sur la maison pendant mon absence.

Le trajet jusqu'au vieux moulin dure une bonne heure. Je découvre au bout du chemin une maison accueillante. Ici aussi, l'ambiance est à Noël : une couronne en sapin décorée de petits anges et de rubans rouges est suspendue à la porte.

Il règne à l'intérieur ce climat typique des soirs d'hiver d'autrefois. Une odeur de feu de bois s'échappe de la cheminée.

— Vous avez une belle maison, dis-je.

— Ne m'en parlez pas ! réplique M. Bailleul. Nous pensons la vendre ! Ce bruit, vous comprenez... Tenez ! Ça recommence. Écoutez...

En effet, un grincement retentit.

— Ça vient de la remise, reprend M. Bailleul.

— Allons voir.

Un long couloir nous conduit au moulin proprement dit, là où se trouvait jadis le cœur de l'édifice. En effet, il y a une présence. Un courant d'air familier me la signale. Rien d'agressif, cependant. Je pencherais plutôt pour une entité qui n'arrive plus à se contrôler. Elle est partout à la fois ! J'ai toutes les peines du monde à la localiser. On entend au-dehors couler une rivière : celle qui alimentait la roue. La chatte de la maison vient me saluer.

— Elle s'appelle comment ?

— Minouche, répond M. Bailleul.

Quand je me penche pour la caresser, Minouche se hérisse et crache en direction de la meule.

J'ai alors une vision faite d'images très rapides qui figurent un homme d'une soixantaine d'années portant un sac sur son dos, coiffé d'un béret, vêtu d'une vareuse, chaussé de sabots. Cet homme dépose le sac près de la roue. Il ôte son béret. Il tire un mouchoir de sa poche pour s'éponger le front. Son chien, un épagneul, se couche sur le sol.

Je décris la scène aux Bailleul.

C'est alors que l'homme tourne la tête vers moi. Maintenant je vois parfaitement son visage, son épaisse moustache claire, ses sourcils en broussaille. Il plisse les paupières, comme s'il essayait de distinguer quelque chose dans le noir.

Le voilà donc, ce meunier qui refuse de s'arrêter de travailler ! C'est le prototype même du brave homme. Il émane de lui une bonté que je perçois sans difficulté grâce à son aura.

Mais au bout de quelques minutes, l'aura se modifie et devient plus brillante. L'homme s'approche de moi. Il ouvre les mains pour me les montrer. Je ne comprends pas où il veut en venir. Il insiste. Je finis par saisir ce qu'il cherche à me dire à travers ce geste. Il est prisonnier de sa tâche. Il est pareil à un disque rayé qui ne peut s'arrêter de tourner…

Le meunier s'approche d'un vieux coffre en bois. À genoux, il en soulève le couvercle. Il en tire des documents – d'anciens actes notariaux, semble-t-il. J'ai trouvé ce qui le tourmente. L'aura m'indique que le meunier se sent coupable. C'est surprenant, mais l'explication ne tarde plus à me parvenir. C'est une affaire de dette. Une dette qu'il est persuadé de n'avoir pas réglée. Il s'est mis en tête de s'en libérer au prix d'un travail acharné ! Aussi étrange que cela paraisse, le brave meunier ne sait même pas qu'il est mort. Son âme ignore qu'il n'est plus de ce monde. C'est pourquoi il continue son travail. Nuit et jour. Prisonnier à perpétuité de son idée fixe.

— Que dit-il ? demande Mme Bailleul.

— Rien pour l'instant…

La chatte est toujours aussi agressive. Ses yeux semblent suivre le va-et-vient du meunier. Je me décide à intervenir :

— Comment vous appelez-vous ?

— Théophile, répond une voix.

— Il faut vous reposer, Théophile.

Pas de réponse. Je commence à dire la prière. Et tandis que je récite, me parvient le murmure d'une chanson d'antan. Puis une deuxième présence se manifeste, si forte que même Mme Bailleul la ressent.

— C'est un ami du meunier, dis-je. Mort deux ans avant lui. Je crois que nous allons avoir de l'aide.

— J'ai peur, dit Mme Bailleul en se serrant contre son mari.

— Ne vous laissez pas gagner par la peur, dis-je. Ayez confiance en l'au-delà…

— Vous, dit M. Bailleul, vous avez l'habitude ! Mais pas nous…

Minouche regarde la fenêtre, puis se tourne vers moi. Elle est d'une humeur plus calme. Je sens que les deux êtres sont partis vers leur nouvelle vie : leurs vibrations se sont estompées rapidement. Tout est rentré dans l'ordre. Cette pièce est rendue à elle-même. En caressant la roue de bois, je ressens encore de faibles vibrations – dernière trace de la présence du meunier.

Les Bailleul ne savent comment me remercier. Je leur dis que ma récompense, c'est d'avoir délivré une âme en peine. Nous regagnons l'appartement où la maman de Mme Bailleul m'offre des gâteaux pour les enfants. Il ne me reste plus qu'à regagner ma propre maison, où m'attend ma petite famille. Gilles, Jonathan et Gaétan auront sûrement fini de préparer la crèche. Et le sapin sera habillé de toutes ses guirlandes.

Deuxième partie

D'un côté à l'autre

Les récits qui précèdent couvrent la première période de ma vie de médium, celle qui a vu mes dons se déclarer puis se confirmer. Ces facultés, qui au début me semblaient si étranges, aujourd'hui me sont naturelles. Tout en restant une mère de famille, je suis devenue « médium de mon état », ainsi que j'aime à dire. J'accomplis les deux tâches de mon mieux, sans chercher de complications, en me fiant au bon sens.

Il est important de signaler que ces dons se sont non seulement approfondis mais étendus. Mes interventions ne se bornent plus aux esprits invisibles, défunts prisonniers d'un lourd passé, ils touchent aussi des êtres vivants. Pour parler clairement, je pratique la guérison. Autrement dit, je soulage mes semblables en usant d'autres remèdes que les médicaments ou les séances de thérapie. Or le mot « guérisseur » ne manque jamais de produire un beau tollé quand il surgit dans une conversation ! C'est pourtant un fait : il m'est venu la faculté de soulager aussi les vivants.

Là encore, je n'entrerai pas dans la polémique. Je me contenterai de raconter. En précisant que cette aptitude aussi, je l'ai prise comme elle venait.

Maxime

Je reçois un jour un appel anxieux d'une femme tellement bouleversée que des vibrations s'emparent de moi tandis que nous parlons au téléphone. J'ai aussitôt la vision d'un homme jeune couché sur un lit d'hôpital, apparemment sans vie. Brièvement, j'ai l'impression de le voir se dédoubler. Puis la vision s'accélère. Je vois des chambres, des couloirs, des gens qui courent dans la même direction...

— Votre fils est en clinique, dis-je à ma correspondante. Je viens d'avoir une vision à son sujet. Il est dans le coma...

— Faites quelque chose pour lui, je vous en supplie !

— Je ne suis pas médecin...

— Je sais, madame Michèle. Mais venez quand même, s'il vous plaît.

Mon mari accepte de m'emmener à la clinique, et pendant le trajet je ne cesse de penser à la vision du jeune homme. Elle était si forte ! Je ne me sens pas à mon aise. J'ai beau me répéter que l'essentiel est de ne pas perdre confiance en soi, il n'est pas facile de sentir se développer en soi-même des phénomènes insolites, incontrôlables. Cette inquiétude m'absorbera jusqu'à notre arrivée sur place.

Déjà je vois venir à notre rencontre la personne que j'ai eue au bout du fil, Mme Richard.

— Mon fils s'appelle Maxime, me dit-elle.

Elle m'apprend que les visites sont strictement réglementées. Aussi préférerait-elle que je me présente comme une parente. Il est vrai qu'une voyante n'est pas forcément la bienvenue dans le milieu médical ! On la prendrait facilement pour une intruse.

Dans le couloir, nous rencontrons un homme au visage défait.

— Mon mari, dit Mme Richard.

Tandis que nous échangeons une poignée de main, je m'entends prononcer la phrase suivante :

— Votre fils sortira du coma à 14 h 30.

Et M. Richard de répliquer sur le ton de la colère :

— Comment pouvez-vous le savoir ? C'est de la folie ! Sachez que je ne crois pas aux guérisons miraculeuses ! Et que je n'aime pas les charlatans.

Déjà je regrette d'avoir laissé ma famille pour venir ici. Quelle mouche m'a piquée de leur offrir mon aide ? Mes prières servent à délivrer les esprits des morts, pas à sortir les patients du coma ! L'espace d'une minute, des idées contradictoires se bousculent dans ma tête. Mais je finis par me dire : « Puisque tu es là, après tout, autant essayer... »

Le jeune homme au visage figé est bientôt devant moi. On l'a relié à des machines. C'est la première fois que je suis en présence d'un malade dans le coma. Je décide de me concentrer au mieux. Mais j'aurai besoin de secours si je veux arriver à quelque chose – et si tant est qu'il me soit possible d'y arriver.

Intérieurement, je demande de l'aide pour Maxime.

Dans la réponse qui me parvient, il m'est suggéré de poser les mains sur les tempes du patient, et de me recueillir comme si je voulais aller le chercher « dans une autre dimension ».

Cinq minutes s'écoulent. Puis des vibrations émanent des tempes de maxime. Des picotements se produisent au bout de mes doigts. Soudain j'ai une vision : Maxime en train de marcher au ralenti dans un monde qui m'est inconnu. Intérieurement, je l'appelle. Il se retourne. La vision devient floue. Un mal de tête commence à me gagner. J'ai parfaitement conscience d'être dans un hôpital au chevet d'un patient. La vision a disparu, maintenant. Mais j'ai un vertige. La tête me tourne un moment. Puis je ressens une profonde paix intérieure. Je sais qu'un transfert d'énergie vient de se produire. Quelque chose a circulé. J'ai la certitude que tout ira bien désormais.

Le temps de me ressaisir, le visage de Maxime a repris des couleurs – la vie afflue de nouveau.

Je quitte la chambre exténuée. Dans le couloir, je retrouve M. et Mme Richard. Mme Richard est anxieuse. Je lui prends la main en disant à voix basse :

— Tout va bien. Ne me demandez pas pourquoi, ni comment, mais tout est arrangé...

— Je vous crois, dit-elle.

Quand je me dirige vers l'ascenseur, je suis encore sous le choc. Au point d'avoir envie de pleurer. Mais une agitation se produit derrière moi. On s'affaire autour de la chambre de Maxime. Une infirmière s'écrie :

— Votre fils sort du coma !

La pendule, au-dessus de l'ascenseur, indique 14 h 30.

À la seconde où j'appuie sur le bouton d'appel, le père de Maxime me prend le bras en disant :

— Excusez-moi pour tout à l'heure. Je me suis emporté. J'avais peur de perdre mon fils. Je retire le mot charlatan…

— Je ne crois pas en être un, M. Richard. Je pense être quelqu'un d'honnête, au contraire. Je ne sais pas ce que j'ai fait pour Maxime. Ni comment c'est advenu. Mais je vous ai dit que son coma prendrait fin à 14 h 30. Il est 14 h 30. Et son coma a pris fin.

Je sais dès lors que j'ai encore changé. Je sais que j'aurai dorénavant la possibilité de demander de l'aide à l'au-delà dans toutes les circonstances où il me sera donné de secourir mon prochain.

Un mois plus tard, je reçois la visite de Maxime. Il m'apprend qu'il avait avalé un cocktail de médicaments. Il voulait en finir avec la vie suite à un chagrin d'amour. Je lui fais le récit de notre rencontre dans sa chambre d'hôpital. Lui ne se souvient de rien.

Maxime, depuis, s'est marié. Il coule des jours heureux, semble-t-il. De temps en temps, il m'appelle pour donner des nouvelles. Et il se présente toujours en s'exclamant joyeusement :

— Allô ! C'est le rescapé de l'au-delà !

Cédric

Quoi qu'il arrive, je trouve du charme à toutes les saisons, et ma rencontre avec le petit Cédric a lieu un jour d'automne.

Cet après-midi-là, je suis au soleil, occupée à contempler mes dahlias, quand mon fils aîné me passe une communication. Au bout du fil, une femme en pleurs me dit :

— Une guérisseuse m'a parlé de vous.

Je n'ai aucune envie d'être prise pour ce que je ne suis pas. Je ne tiens pas non plus à endosser le costume de la magicienne qui accomplit des miracles. Je réponds à cette dame que je ne connais aucune guérisseuse. Cependant elle insiste :

— Il paraît que vous faites du bien aux gens.

Et elle en vient tout de suite à son petit garçon de trois ans.

— Il ne marche pas, dit-elle.

Elle a consulté de nombreux médecins. Ils n'ont rien pu faire.

Sur le moment, la demande me paraît énorme. Mais ma correspondante est en pleine détresse. Elle ne sait plus vers qui se tourner pour obtenir de l'aide.

— Venez avec votre enfant, dis-je. Je verrai si je peux faire quelque chose.

Au fond de moi, j'hésite ; mais je suis habitée en même temps par un énorme sentiment de confiance.

La dame se présente le lendemain avec son fils, un petit garçon au sourire radieux prénommé Cédric. L'enfant est joufflu, coiffé de jolies boucles blondes. La mère, elle, a les yeux cernés, et son aura signale un profond épuisement.

J'écoute ses explications. Cédric, dit-elle, souffre d'une paralysie des deux jambes. Il semble que personne ne puisse rien pour lui. Ce constat m'étonne beaucoup. La médecine ne m'inspire aucun scepticisme particulier. J'aurais même plutôt tendance à penser qu'il lui arrive de faire des miracles. Mais peut-être Cédric n'a-t-il pas besoin d'un miracle, qu'il soit médical ou autre. Peut-être a-t-il seulement besoin d'un peu d'aide. Assis dans sa poussette, il serre son ours entre ses bras. En effet, tout se passe comme si la partie inférieure de son petit corps ne répondait pas aux ordres du cerveau. Pourtant, je ressens l'énergie qui circule dans ses jambes : sur le plan vibratoire, elles sont bien vivantes.

Je comprends que le problème se situe dans la colonne vertébrale. Des énergies fluides y circulent, et je les perçois parfaitement. Cependant elles restent bloquées à la moitié du dos, formant par endroits des sortes de nœuds.

Je pense qu'il faudrait masser l'enfant au niveau de la colonne pour tenter de faire circuler les énergies. Mais je veux d'abord l'apprivoiser, lui donner confiance. Je lui demande comment s'appelle son ours. La réponse fuse aussitôt :

— Pierrot !

— Tu crois que Pierrot serait d'accord pour que je devienne votre copine à tous les deux ?

— Il dit que oui !

J'offre à Cédric des biscuits.

— Dis-moi un peu. Tes petites jambes, elles ne veulent pas t'écouter, c'est ça ? Et si j'essayais de leur parler ?

— Je veux bien.

Je continue en m'adressant aux jambes :

— Alors, les coquines, vous êtes fâchées avec Cédric ? Il est gentil, pourtant.

L'enfant, tout en grignotant son biscuit, approuve d'un hochement de tête en direction de ses jambes. Je pose une oreille sur ses cuisses, comme pour écouter leur réponse.

— Qu'est-ce qu'elles disent ? demande Cédric.

— Elles disent qu'elles veulent bien marcher. Mais à condition que toi, tu sois d'accord.

— Alors je veux bien !

Nouvelle écoute.

— Elles disent aussi que je dois leur faire des caresses ! Toujours d'accord ?

— Oui.

Je prends Cédric sur mes genoux. Il est parfaitement à l'aise, maintenant. Je sais quel genre de massage est nécessaire. D'abord les jambes, ensuite la colonne vertébrale.

Le massage durera vingt à vingt-cinq minutes. Un temps interminable pour un petit ! Mais le traitement a l'air de lui convenir. Tout son corps se réchauffe. Il est comme envahi par mon énergie. Et toutes ses contractions musculaires se dissipent petit à petit, ce dont il a tout à fait conscience. À la fin, n'y tenant plus, il me sort :

— Madame, ça chatouille.

Et aussitôt il manifeste son intention de se lever.

Je le laisse faire, non sans le soutenir sous les aisselles. Il se laisse glisser de sa poussette. Ses pieds touchent le sol. Le voilà debout ! Une position qui lui est pratiquement inconnue. Attendons la suite...

Je note que ses petites jambes sont encore bien raides. Pourtant il essaie de les remuer. Il frappe le sol avec la pointe de ses chaussures, l'air de vouloir explorer la terre ferme du bout du pied. Et il ne se soucie de rien d'autre que de son envie de marcher.

Bientôt ses mouvements s'amplifient. Cédric regarde toujours ses pieds, mais on voit qu'il essaie d'avancer. Je lui touche les mollets : ils sont encore durs, gonflés. Je le masse. Je suis sûre maintenant qu'il a envie de se promener. Aidée de la maman, je continue le massage. Je transmets à l'enfant toute l'énergie dont je dispose, puis je lui dis :

— Tu aimerais aller voir les lapins ?

Mon père possède un élevage à deux ou trois maisons de chez nous. La maman de Cédric me dévisage avec une expression d'effroi. D'un signe, je l'invite à me faire confiance.

Nous voilà partis ! L'instant d'après, nous sommes en route. Cédric, qui nous donne la main à toutes les deux, se concentre sur ses efforts de marcheur.

Mes parents nous ont entendus arriver. Ils sont à la porte.

— Voici Cédric et sa maman, dis-je. Cédric aimerait voir les lapins.

Précédés de mon père, nous nous dirigeons vers les clapiers. La maman de Cédric me glisse à l'oreille :

— Ce n'est pas possible, je rêve !

Les cages sont un peu hautes pour le petit. Mon père le saisit sous les aisselles et le soulève. Le bambin, tout fier, donne un bout de pain à un lapin blanc à travers le grillage. Mon père le repose sur le sol. Aussitôt Cédric reprend sa déambulation, lente mais assurée.

— Il marche, ne cesse de répéter sa mère.

— En quoi c'est étonnant ? demande mon père.

— Tout à l'heure, dis-je, il était paralysé.

— Je vois, dit papa avec un bon sourire.

Une heure après, la maman de Cédric téléphone à son mari qui nous rejoint aussitôt. Il n'est plus nécessaire désormais de suivre l'enfant dans ses déplacements. Il ne tombe pas. Il ne titube même pas. Il se contente de mettre un pied devant l'autre avec une application pleine de sérieux. Je vois que son père est au bord des larmes – des larmes de joie, cela va sans dire. C'est à peine s'il ose s'approcher de son fils, de crainte sans doute que « tout s'arrête »... Mais Cédric ne s'arrêtera plus.

— Dire que j'ai voulu dissuader ma femme de venir vous voir !

Il se tait, puis reprend :

— Je ne sais que vous dire...

— Alors ne dites rien...

— Comment avez-vous fait ?

— C'est une question de confiance. D'échange d'énergie. Et aussi de sensibilité de la part de votre petit garçon. L'amour peut tout. Il change la vie. Cédric est libre à présent...

— Et... Euh... On vous doit combien ?

Ma réponse est d'abord un éclat de rire. J'ajoute :

— Vous ne me devez rien. Juste un peu de pain pour les lapins.

Une nuit à la ferme

David est un ami d'enfance. Nous nous connaissons depuis les années d'école, et le temps ne nous a jamais séparés – seulement les distances. Il est représentant de commerce dans une entreprise de nourriture pour bétail. Son travail consiste à sillonner la campagne. Un soir pluvieux de novembre, vers 21 heures, il sonne à ma porte.

— Toi, lui dis-je, tu viens me demander quelque chose !

David me regarde avec un sourire en coin.

— C'est pour Fernand, dit-il. Un ami fermier. Il se passe des choses bizarres dans ses étables. D'après le vétérinaire, il s'agirait de la brucellose. Tu sais, cette maladie qui s'attaque au bétail. Son cheptel de vaches laitières serait en danger. Sauf que moi, je ne suis pas d'accord avec le diagnostic. Ça ne cadre pas. Je pencherais plutôt pour un phénomène paranormal. Et c'est pour ça que je suis là. Il faut faire vite.

— Tu veux dire que je dois enfiler mes bottes sur-le-champ ?

— Ce serait bien. Vu que ça urge.

Dehors, il pleut des cordes, et le vent secoue les arbres. Le village de Fernand est à cinquante kilomètres. Et le gros du trajet se fait sur des chemins de campagne qui permettent le passage d'une seule voiture. Je finis par distinguer au loin, dans la lumière des phares, la forme d'un gros bâtiment sombre.

— On arrive, dit David.

Fernand, pour tromper l'attente, s'occupe du foin. Il pose sa fourche et vient à notre rencontre.

— D'après David, dit-il, vous avez un don. Je ne sais pas ce qui se passe ici. Mais je sais que ce n'est pas normal.

— Ne vous découragez pas, lui dis-je.

En effet, sa poignée de main est molle, comme si l'énergie était en train de le quitter. Je perçois la menace d'une dépression nerveuse. Mais comme toujours, je m'efforce d'établir avant toute chose un climat rassurant.

— Vous n'êtes pas à ma place, dit-il.

— Justement. Je suis venue pour m'y mettre. Pendant quelques heures, du moins.

Et j'ajoute, portée par mes intuitions :

— Ce n'est pas la brucellose, M. Fernand. Ce n'est pas une maladie.

— Vous êtes vétérinaire ? Qu'est-ce qui vous fait dire ça ?

— La migraine. J'ai toujours la migraine à l'approche des malaises qui touchent les êtres, hommes ou animaux. Des maux de tête. Plus ou moins forts selon l'importance de l'affection. Dans le cas présent, ça continue de monter. C'est pourquoi je persiste à dire que ce n'est pas la brucellose.

— Dieu vous entende.

— Ne vous en faites pas : Il m'entend. Allons voir l'étable, voulez-vous ?

L'étable est immense, fort bien tenue, imprégnée d'une bonne odeur de foin et de paille fraîche. Je compte à vue de nez une bonne centaine de vaches laitières. Mais à ma grande surprise, il n'y a pas de veau.

— C'est bien le problème, explique Fernand. Approchez. Regardez.

— Mon Dieu, qu'est-ce que c'est que ça ?

La rigole d'évacuation du purin est emplie de morceaux de chair écarlates, violacés, tachés de caillots sanguine. Le tout baigne dans un liquide jaunâtre, écœurant.

— Des veaux avortés, dit David. Et des avortements pas naturels. Tu comprends pourquoi je t'ai demandé de venir.

Fernand confirme d'une voix étranglée :

— Elles sont toutes en train d'avorter les unes après les autres ! Je n'y comprends rien.

Si je ne m'étais attendue à une pareille désolation ! Au spectacle d'une telle souffrance ! Mais je perçois déjà dans cette affaire le résultat d'une intention délibérée. Un méfait a été préparé dans l'invisible, et exécuté par son biais.

Car avec le temps et l'expérience acquise, j'ai fini par accepter cette idée : l'invisible, comme le courant électrique, est doté de deux « pôles actifs », un positif et un négatif. L'un se dirige vers le bien, et l'autre vers le mal. Il m'est arrivé de voir le mal cheminer dans l'invisible pour aller frapper à distance, comme la foudre, hommes ou bêtes.

Je sais bien que ce sont là des idées qui n'ont plus cours. Tout simplement parce qu'on les refuse. Parce qu'on les refoule. Parce qu'elles sont quasi interdites. Officiellement, le mal n'existe pas ! En tout cas, sous aucune autre forme que bactérielle ou virale. Aujourd'hui, si quelqu'un estime que le sort s'acharne sur sa vie, s'il se juge envoûté, s'il soupçonne sa maison d'être hantée, et s'il va en parler à un prêtre, ce dernier lui donne l'adresse d'un psychiatre ! Alors que tous les diocèses ont leur exorciste. Mais tout se passe comme si les prêtres étaient les premiers à refuser farouchement l'existence du mal invisible et agissant. Ils s'efforcent de régler le problème en invoquant des superstitions désuètes. Loin de moi l'idée de nier les progrès de la science. D'ailleurs, je suis sûre que plus on vit dans la conviction de l'envoûtement, plus on y est réceptif. Mais je suis sûre aussi que cela ne résout pas la question. Est-on bien certain que tous ceux qui se jugent « hantés » ou « persécutés » ne le sont que par eux-mêmes ? Il existe des forces dont nous ignorons la puissance, et que certains savent manipuler. On aurait grand tort de les tenir pour quantité négligeable.

J'imagine que beaucoup d'intellectuels souriront en lisant ces lignes. Je leur souhaite de ne jamais être la cible des forces malfaisantes…

Mais revenons-en à Fernand.

Je m'approche doucement d'une vache en essayant de capter ce qui émane d'elle. J'espère me mettre ainsi sur la voie qui me conduira à l'élément destructeur de l'élevage. Je passe la main le long du flanc en restant à une dizaine de centimètres de la peau, afin de sentir si l'animal est touché, ou seulement environné d'ondes négatives. Le flanc de la vache frémit. Je continue le mouvement, mais cette fois au contact du cuir. Et soudain une vision s'impose, terriblement inquiétante.

Je vois un ruisseau passant sous l'étable. Ainsi qu'une ferme en contrebas. Je vois dans cette ferme un homme qui parle en faisant des signes sur l'eau. Cet homme est le nœud du problème. C'est un sorcier en pleine action. Même sa motivation, je peux la lire ! Il travaille à ruiner Fernand. Cela ne fait pas l'ombre d'un doute.

— Fernand, dis-je, votre problème vient de la ferme en contrebas.

— Ça ne m'étonnerait qu'à moitié. Mes veaux se vendent bien. Le voisin a toujours été jaloux.

Je le prie d'avoir la gentillesse de s'éloigner ; en revanche, je veux que David reste auprès de moi.

Je me concentre. Je touche le flanc d'une bête tout en visualisant le reste du troupeau. Et je commence à réciter mes prières. Les bêtes deviennent nerveuses.

Survient alors un moment nauséeux où tout se mélange : le spectacle des veaux avortés, le douloureux malaise généré par l'acte de sorcellerie, avec ses relents de haine et de méchanceté gratuite. Mais je sens bientôt ces énergies négatives libérer les animaux et s'éloigner en suivant le cours de la rigole. Elles perdent de leur puissance. Le processus est en bonne voie. Je termine la prière, puis je bénis l'étable, l'intérieur et l'extérieur, en demandant à Dieu de protéger cet endroit et les animaux qui l'habitent. Je reste encore quelques minutes pour m'assurer que les ondes ont bien disparu. Les bêtes semblent calmes. Certaines se sont couchées. Je pense que tout va bien à présent : je ne ressens plus d'attaque.

Dehors, le vent n'a pas faibli. La pluie non plus. Nous nous dirigeons vers la maison où nous attend un bon feu de cheminée, et un café préparé par Annie, l'épouse de Fernand. Annie est curieuse de savoir comment je me débrouille pour gérer ma vie de femme au foyer et de voyante. Entre Fernand et David, la conversation va bon train. Ils discutent sorciers et sorcellerie. C'est alors qu'on frappe à la porte. Entre Claude, le voisin.

— Quel temps de chien !

Claude est un homme petit, grassouillet, aux joues rouges, aux mains rugueuses. Fernand l'invite à s'asseoir. Annie lui sert une tasse de café.

— Madame Michèle a levé la saleté qu'on avait mise sur mes bêtes, dit Fernand.

Claude me dévisage et dit :

— Dans le temps, pour ce genre de problèmes, on allait chercher le guérisseur. Il nous faisait peur avec son regard froid. Quand les enfants ne voulaient pas dormir, on les menaçait d'aller le chercher. Aujourd'hui, nom de Dieu, c'est une jolie femme !

Je le remercie du compliment. J'apprends qu'il a un problème, lui aussi. Est-ce que je ne pourrais pas passer chez lui, tant que je suis là ?

— Quel genre de problème ? dis-je.

— Avec Édouard, dit-il.

— Un voisin ?

— Non. Mon taureau. Un animal de concours. Je le trouve très énervé. Et vu ce qui se passe ici, chez Fernand, ça me tracasse...

À notre arrivée, Édouard gratte le sol avec ses sabots. Il est énorme. Une montagne de chair vivante où brille un regard louche.

— Il est bien attaché, dit Claude.

— On dit ça.

J'ai déjà communiqué avec un arbre, jamais avec un taureau. Je commence par m'adresser à l'animal, en lui parlant doucement. Puis je me prépare à dire la prière contre les envoûtements. Aussi étrange que cela paraisse, Édouard reste calme pendant l'imploration. Je m'enhardis jusqu'à lui toucher le front, dans l'espoir d'approcher une vision correcte. Et elle apparaît. Je vois un arbre dressé contre cette étable. Au pied de l'arbre, je distingue parfaitement une forme humaine en train de s'activer. C'est un homme. Il enterre quelque chose. La vision se précise – la migraine arrive aussitôt. Je vois ce que cet homme enterre : un bouquet d'herbes tressées de plumes, piqué d'aiguilles crevant des bouts de papier. Sur les papiers, je distingue des formules griffonnées. C'est un sortilège.

L'urgence, maintenant, c'est de trouver cet arbre. Je sors de l'étable en me fiant à mon intuition. Le terrain est boueux et traître. Mes bottes s'enfoncent à chaque pas. A priori, il est absurde d'essayer de localiser un arbre sous une pluie battante, dans la nuit noire, sur un terrain étranger. Mais j'ai confiance. Je me laisse guider. Et je trouve assez vite mon arbre : un vieux poirier qui s'élance contre le mur de l'étable. Je cherche autour de la bâtisse un outil pour creuser. Je trouve une petite pelle. Je m'attelle à la besogne.

Il est déjà évident que quelque chose a été enfoui là : les frissons qui me parcourent les bras en sont un signe indubitable. En effet, le bouquet est caché dans la terre. Je l'exhume en quelques coups de pelle.

Je montre à Claude le trou au pied du poirier. Il est sidéré. Il contemple ensuite, avec une mine horrifiée, le bouquet d'herbes tressées piqué d'aiguilles de fer, semé de bouts de papier où s'inscrivent des formes géométriques et des lettres indéchiffrables.

— La personne qui l'a enterré là ne vous veut pas de bien, dis-je.

Nous mettons le feu à l'objet. Puis je reprends :

— C'est fini. Le sort est levé. Allons voir comment se comporte Édouard.

Évidemment, le taureau est plus calme. Il ne gratte plus le sol. Toute l'étable, d'ailleurs, semble apaisée.

Nous sortons de nouveau sous la pluie quand Fernand vient à notre rencontre avec une lanterne.

— C'est fini ! lui dis-je.

Le voilà rassuré, lui aussi.

Il est temps de rentrer chez moi. Je reprends avec David le chemin de la maison.

Un mois plus tard, David revient me donner des nouvelles. Les vaches de Fernand n'avortent plus. La brucellose était une invention des vétérinaires. Il paraît aussi que la ferme d'en dessous a connu quelques ennuis. Les habitués de ce genre d'affaires ont un mot pour ce phénomène. Ils l'appellent le « choc en retour ».

Le tueur de chats

Je n'ai pas encore eu le temps de me remettre de l'affaire de Fernand qu'une nouvelle sollicitation me parvient. Il s'agit cette fois de Germain, le garde forestier. Depuis quelques mois, me dit-il au téléphone, il est envahi par les chats. En outre, son jeune fils François montre un comportement bizarre : il balance la tête à droite et à gauche, en poussant des cris d'animaux.

— Je vous laisse imaginer l'angoisse de ma femme ! conclut-il.

Je l'invite à passer me voir avec sa femme et son fils l'après-midi même.

Mais j'avoue qu'un mauvais pressentiment m'a saisie pendant cette conversation. Pour plus de précaution, je juge préférable d'éloigner mes propres enfants de la maison. Mon mari se propose de les emmener avec lui couper du bois.

Quand on sonne à ma porte, je vais ouvrir en m'efforçant d'afficher une mine aussi décontractée que possible. Bizarrement, j'ai plus de peine que d'habitude à garder mon sang-froid.

François, le fils du garde forestier, est un petit garçon de cinq ans aux cheveux bruns. Il semble un peu taciturne. J'établis le contact en lui parlant gentiment de tout et de rien. Au début, l'échange semble normal. Mais après dix minutes d'entretien, je décèle dans sa conduite un phénomène étrange : il a l'air de s'absenter. Ses yeux ont une expression gênante. Je comprends qu'il est habité par une force négative. Une force dans laquelle entre quelque chose de félin.

Poussant la conversation plus loin, je fixe mon regard sur celui de l'enfant. Il ne détourne pas les yeux. Peu à peu, une vision se précise. Je distingue dans le visage de François la figure d'un autre personnage, un être dur, voire repoussant, et qui appartient à un autre âge.

Selon une idée qui s'impose à ma conscience, ce personnage profondément antipathique a habité la maison où vivent aujourd'hui le garde forestier, sa femme et leur petit François. Encore une âme en peine ! Et pas n'importe laquelle. Elle m'apparaît comme très chargée. Et la voilà qui commence à bouger dans l'esprit de l'enfant, comme si elle réagissait à la force de mon énergie. Il n'y a pas de temps à perdre. Je demande à François de s'asseoir sur une chaise, et à sa maman de le tenir pendant que je récite une prière, celle qui délivre les esprits en révolte. C'est alors que la maman déclare :

— Justement, je voulais vous parler de quelque chose. Figurez-vous qu'il ne supporte pas la présence d'une croix dans la maison ! C'est stupéfiant, non ?

Non, je ne suis pas surprise. Ce genre de réaction ne m'étonne plus désormais.

Ma prière dure quelques minutes. Soudain, l'enfant se met à gigoter, comme énervé par une énergie qu'il n'arrive plus à supporter. Et en effet, il commence à balancer la tête, de cette façon décrite par son père au téléphone. Je me concentre plus fort sur ma prière. Tout à coup, François échappe à l'étreinte de sa maman. D'un bond, il atteint l'escalier. Il s'élance vers l'étage.

Interrompant ma prière, je lui ordonne de redescendre immédiatement. Il obéit. Mais il a une façon de revenir des plus surprenantes : il s'élance d'une marche à l'autre comme un chat furieux. Jamais encore je n'ai vu un être vivant possédé par un esprit. François recommence à balancer sa tête de plus belle. Impossible de reprendre la prière tant qu'il n'aura pas retrouvé son calme. Le mieux est de le laisser y parvenir tout seul. Je vais chercher des livres appartenant à mes garçons, et je les lui tends. Non, il ne veut pas lire. La télévision, peut-être ? Un tour dans le jardin ? Il nous faudra patienter une heure pour le voir s'apaiser enfin. Et, tandis qu'il se délivre peu à peu de sa fureur, il reprend un visage de petit garçon. Je ne saurais dire combien je suis soulagée de le voir redevenir un charmant bambin de cinq ans au joli sourire. Je sais ce qu'il convient de faire à présent.

— Madame, dis-je, il faut que nous allions ensemble voir votre maison. La cause de ces troubles est au centre.

— Au centre ?

Je m'aperçois que je ne comprends pas moi-même exactement le sens de l'expression que je viens d'employer : « La cause de ces troubles est au centre. » Mais c'est ainsi que se formule en moi ce que je ressens ; c'est donc ainsi que je le restitue.

Pendant le voyage, qui durera environ une demi-heure, le petit François dormira à l'arrière de la voiture. Dès notre arrivée, je sens de nouveau la force de cette présence d'un autre âge. Elle rôde. Elle s'ancre en ce lieu.

La maison du garde forestier est une petite habitation basse et triste, à façade grise, devant laquelle se dresse un calvaire ancien comme il en subsiste quelques-uns encore dans la région. Le calvaire est surmonté d'un Christ tournant son visage vers le bâtiment. Manifestement, c'est cette croix que François ne supporte plus. Ou, plus exactement, l'entité qui tourmente l'enfant – qui le tourmentait, en fait, car j'espère qu'il est délivré – est incommodée par le calvaire.

Dès que nous avons franchi le seuil de la maison, je suis comme poussée vers une pièce du fond servant de débarras. Un froid intense me pénètre. Une présence invisible est là, près de la fenêtre. Je ressens sa position, et même sa qualité. Elle est si agressive qu'il est inutile d'essayer de communiquer avec elle. Mieux vaut opérer directement. Je commence à réciter la prière qui délivre les esprits de leurs tourments. À un moment, j'ai le sentiment très vif que l'entité essaie de me frapper, ou de me mordre, comme un animal qui cherche une faiblesse chez son adversaire. Elle tourne autour de moi. Elle va se coller au plafond. Elle disparaît. Elle revient en force. Elle se ramasse sur elle-même, prête à bondir. Je demande à M. Germain s'il y a une pièce contiguë à celle que nous occupons.

— Il y a bien une ancienne cuisine qui donne sur le jardin, répond-il.

L'instant d'après, je me rends compte que le plafond de ladite cuisine est habillé de panneaux de contreplaqué. C'est là que quelque chose se cache. Je perçois des émanations venant de crimes anciens. Des exécutions ont eu lieu ici. Une vision plus nette se forme : des chats morts. Je suis sûre qu'il y a des cadavres de chats dans ce faux plafond.

J'explique au garde forestier ce que je suis en train de découvrir. Et je développe mon point de vue ainsi :

— Votre maison est hantée par l'esprit d'un tueur de chats. Un être asocial. Un monstre. Il est mort assassiné. On l'a volé, aussi. S'il est retenu ici, c'est à cause de la noirceur de son âme. Il cherche à récupérer son argent. Il refuse de voir quiconque s'approcher de lui…

Je pense que la première chose à faire consiste à débarrasser la maison des restes de ces pauvres chats. Il faut retirer ces panneaux de contreplaqué. Ouvrir le faux plafond. M. Germain est prêt à tout pour délivrer sa famille des présences malfaisantes. De toute façon, précise-t-il, ils avaient l'intention d'effectuer des travaux dans cette pièce.

Il dresse un escabeau. Muni d'un pied-de-biche, il se hisse vers le plafond. Il entreprend de détacher les panneaux. Une première plaque se décroche. L'espace s'emplit d'une forte odeur d'humidité et de moisi. Le deuxième panneau cède facilement.

Mais c'est à moi qu'il revient d'explorer l'endroit. Je le dis à Germain. J'aurai besoin d'une torche électrique. Une fois équipée, je grimpe sur l'escabeau. J'éclaire l'espace confiné formé par le faux plafond. Je suis pétrifiée par le spectacle qui m'est offert sous le faisceau de la lampe : des dizaines et des dizaines de crânes d'animaux morts. On distingue aussi des ossements. Quelle abomination ! Les chats étaient murés dans cette maison depuis des années. Et leur souffrance aussi ! Pauvres bêtes. Pauvres petites âmes. Le tueur de chats les avait pendues au grenier, lequel correspond au plafond de cette ancienne cuisine. Je me saisis d'un crâne. Je le montre aux époux Germain.

— Sainte Vierge ! s'écrie le garde forestier.

Je remets le crâne à sa place. Avant de nettoyer cet endroit, une prière est nécessaire pour annuler l'énergie mortifère du charnier. Je bénis les lieux dans la force des trois croix. Ensuite, nous donnons aux petits animaux la sépulture qui leur permettra de recouvrer une paix définitive. Une âme est une âme, n'est-ce pas ? Qu'elle soit humaine ou animale. Et à toute âme, il faut une pensée d'amour, pour l'aider à passer de l'autre côté.

Germain me fournit des sacs en papier. Je déblaie le charnier. Pendant qu'il se charge de la mise en terre, je regagne la pièce où rôde la présence qui m'a dirigée ici. Le tueur de chats : il ne doit pas être oublié, celui-là. Il faut même lui régler son problème au plus vite.

J'ai la vision d'un homme recroquevillé dans un coin de la pièce. Un bruit sourd se fait entendre. Mais il me semble que l'entité a perdu de son agressivité. Je sens que l'esprit est plus désemparé que malfaisant. C'est la peur qui l'anime, à présent, non la méchanceté. Peut-être tirait-il sa force de l'existence de son charnier. Peut-être mes invocations l'ont-elles apaisé. Le tueur de chats vit-il ici une punition ? Je l'ignore. Comme je l'ai dit, je travaille à l'intuition.

— Pourquoi hantez-vous cette maison ? dis-je.

— C'est ma maison.

— Vous êtes mort depuis de longues années.

— Non.

Le malheureux est mort et il ne le sait pas. Le phénomène est fréquent. Nombreux – trop nombreux ! – sont les d'êtres qui meurent sans y être préparés. Il est vrai que beaucoup d'entre nous préfèrent ne pas songer au grand passage. Beaucoup refusent de vivre leur vie les yeux grands ouverts ; et ceux-là, comme ils ont été inconscients de leur vie, le seront de leur mort.

Je décide de demander de l'aide à l'invisible. Aussitôt se formule en moi la question qu'il convient de poser :

— Où est votre maman ?

Ces mots troublent son énergie. Ai-je touché le point sensible ?

— Maman est morte quand j'avais vingt ans.

— Votre maman est auprès de vous, et vous ne la voyez pas.

Il y a maintenant une autre présence dans la pièce. C'est que l'au-delà ne se situe pas dans un infini lointain : il est beaucoup plus proche qu'on ne l'imagine. Ses vibrations ne cessent de nous parvenir. Il est toujours à l'écoute. Il suffit de le respecter : il répondra.

Une ombre se profile le long du mur. C'est une présence fluide, féminine. C'est la personne que je viens d'évoquer. La mère du tueur de chats. La silhouette est menue, fragile. Je distingue une femme vêtue d'une robe sombre qui lui recouvre les mollets, et d'un tablier de couleur claire. Elle a un châle sur les épaules. Elle donne l'impression d'avoir quitté notre terre trop tôt. Elle s'entoure peu à peu d'un halo de lumière – c'est son énergie qui grandit et cherche le contact avec celle du vieillard.

Bientôt les deux halos se touchent, se fondent et se confondent. L'échange est total. La fusion complète.

Le vieil esprit tourmenté a disparu. Il ne reste dans cette pièce que la femme.

Elle se tourne vers moi. Je vois son sourire doux et réconfortant. L'atmosphère est sereine. Une brise légère m'effleure le visage. Ce que je perçois maintenant a pour noms tendresse, paix et gratitude. Une voix me parvient :

— Cet esprit tourmenté est mon fils. Je suis venue le chercher. Je vais l'emmener vers la paix.

— Soyez heureux, dis-je.

Ainsi, au moyen d'une opération de la pensée, j'ai réussi à lancer un appel vers l'autre côté. L'appel a été entendu. Cette femme est venue de l'invisible chercher son enfant tourmenté.

L'intensité de l'apparition faiblit. J'aimerais retenir cette femme, mais c'est impossible : je n'en ai pas le droit. Un esprit ne doit jamais être contraint, ni entravé – la règle devrait d'ailleurs régir aussi les rapports entre humains vivants.

Je reste un moment pensive. L'expérience prouve que la pensée peut avoir un effet direct sur les morts. Nos idées peuvent influer le cours de leur devenir post mortem. Ainsi, lorsque nous évoquons mentalement un disparu, nous le faisons avec une intention ; et pour peu que nous soyons concentrés, nous pouvons lui être d'une aide précieuse.

Et je songe en écrivant ces lignes à un homme qui voulait effectivement influer par la pensée sur la vie des morts, mais dans le but de leur nuire. C'était un homme intelligent, cultivé, mais habité par des rancunes tenaces. Il est vrai que le destin l'avait peu ménagé. Il avait été victime d'un accident de voiture dans lequel son meilleur ami avait trouvé la mort. Lui-même en était sorti aveugle. Et il n'acceptait pas ce qui arrivait : ni la mort de l'ami, ni la perte de ses yeux. Tout cela se nouait en lui et générait dans son âme une noirceur permanente, active, d'une puissance terrible. Parlant de ses ennemis disparus, il disait avec un ravissement affreux :

— De temps en temps, je leur lance une petite malédiction. Ça ne leur fait peut-être pas de mal. En tout cas, ça ne peut pas leur faire de bien !

Et il riait d'un rire méchant.

Mais moi, je ne riais pas. Car en dirigeant du ressentiment vers des ennemis disparus, vous les clouez à leur sort. Vous ralentissez leur évolution. La pensée, en effet, est une force concrète ! Ce n'est pas une « vue de l'esprit ». Beaucoup ont de la peine à l'admettre, je le sais bien. Pourtant, ceux qui en ont fait l'expérience n'en doutent pas. Une pensée bien intentionnée aide, soulage, libère, délivre ; tandis qu'une pensée de peur, de haine ou de chagrin emprisonne et enchaîne. On notera au passage qu'une pensée malfaisante nuit à celui qui la reçoit, mais également à celui qui l'émet ! Ne pas en être conscient, c'est freiner le libre mouvement de l'énergie vitale. Ainsi, s'il est bon de conserver le souvenir d'un disparu, il est nocif de s'accrocher à lui comme un noyé se cramponne à une bouée de sauvetage, par peur et par désespoir...

Je rejoins les Germain à la cuisine. L'enfant s'est réveillé. Il a rejoint sa mère. Il est parfaitement calme. La maison respire à son aise.

Quinze jours plus tard, une petite voix me dit au téléphone :

— C'est François ! Tu sais, je viens d'avoir un petit chat. Il est très beau.

— Tu l'as appelé comment, ton petit chat, François ?

— C'est maman qui lui a trouvé un nom. Il s'appelle Mystère.

L'ange du petit Sébastien

Un jour venteux de février, je préparais des crêpes de la chandeleur, toute à ma joie de redevenir pour quelques heures une maman dévouée seulement à ses enfants. Jonathan et Gaétan coloriaient des livres et découpaient des formes. Gilles, lui, avait préféré aller jouer chez un copain.

On sonne à la porte.

— Je vais ouvrir, maman ! s'exclame Jonathan.

Bientôt une voix m'appelle, mêlée aux rires des gosses. Qui cela peut-il être ? La silhouette de mon amie Bénédicte apparaît au seuil de la cuisine.

— Ça sent bon, dit-elle. Qu'est-ce que tu nous prépares, Michèle ?

C'est Jonathan qui répond :

— Maman fait des crêpes !

— Alors, j'en mangerai aussi, dit Bénédicte.

Bénédicte, dans la conversation, me demande si je poursuis toujours ma « chasse aux fantômes », comme elle dit. Je soupire en riant de bon cœur :

— J'avoue que je me passerais volontiers de leur compagnie quelques jours.

Mais Jonathan réclame des bonbons. Bénédicte décide d'aller les chercher dans sa voiture. Je ne peux m'empêcher de protester :

— Ils ne manquent pas de bonbons, tu sais ! Il fait froid, dehors...

Peine perdue, évidemment. À son retour, Bénédicte m'apprend que j'ai de la visite. Elle ajoute :

— Va t'occuper d'eux. Je m'occupe des gosses. Et des crêpes !

Je trouve un groupe de personnes au seuil de la maison. Parmi eux, un couple se présente : M. et Mme Gérard. Ils viennent d'Ardenne. Ils m'expliquent qu'un de leurs fils, Sébastien, leur donne beaucoup de souci. Il serait en relation avec un personnage invisible qu'il appelle son « ange ». De plus, le malheur semble s'être abattu sur leur maison où plus rien ne marche – même les plantes dépérissent.

Mme Gérard, qui me donne ces explications d'une voix entrecoupée de sanglots, est une femme de très petite taille. Trois personnes l'accompagnent : un homme à barbe brune d'une quarantaine d'années, et deux adolescents. Tous me regardent intensément.

— C'est monsieur Claude qui nous a parlé de vous, conclut Mme Gérard. Il dit que vous l'avez aidé pour son taureau.

— Ne restez pas au froid, dis-je. Entrez.

Au même instant, un coup de klaxon retentit. C'est mon mari qui arrive. Il a un léger sourire au coin des lèvres, et je peux lire dans ses pensées : « Encore du boulot pour toi, ma grande ! » Mais il m'apprend bientôt qu'il ne fait que passer : un dossier à finir l'attend au bureau. Impossible de rester et de s'occuper des enfants.

— Tu es vraiment obligée d'y aller maintenant ?

— Bénédicte est là, dis-je.

De fait, Bénédicte nous rejoint, courant derrière Jonathan qui s'est échappé de la cuisine, poussé par la curiosité.

— Si tu as besoin de t'absenter, dit-elle. Je reste. Pas de problème. J'ai mon après-midi de libre. C'est le jour d'en profiter !

— Vraiment ? Tu me rendrais un fier service...

Bénédicte et moi avons fait connaissance dans les couloirs de la clinique d'Arlon. Je m'y trouvais avec Gilles, mon aîné, qui s'était fait opérer des tendons après une sérieuse coupure au bras droit. Bénédicte venait se faire extraire une broche qu'elle avait dans la jambe. Nous avons bavardé ensemble. Et nous ne nous sommes plus jamais perdues de vue. Mieux : elle fait un peu partie de la famille, désormais, et je n'hésite jamais à lui confier ma progéniture. Après mille échanges de baisers et recommandations aux petits, me voilà partie.

Durant le trajet, je m'aperçois que j'ai affaire à une famille où le dialogue n'occupe guère de place. Personne ne dit mot. Et j'ai horreur de ce genre de situation. Je n'aime pas affronter les phénomènes inconnus en compagnie de gens repliés sur eux-mêmes. Comme toujours en pareil cas, je décide de rompre la glace :

— Un « ange » ? dis-je à Mme Gérard. Votre fils Sébastien communique avec un ange ?

— Il prétend qu'il le voit. Mais je vous assure que moi, je ne vois rien du tout ! Et mon mari, ça l'exaspère de voir le gosse dans cet état. Il craint que les autres enfants ne se moquent de lui...

— Vous savez, madame Gérard, les anges existent. Je ne crois pas que votre fils soit un menteur. C'est peut-être en enfant sensible. Les enfants sensibles perçoivent des phénomènes qui échappent aux autres personnes.

M. Gérard laisse échapper un long soupir réprobateur. Je décide de lui demander son métier.

— Je suis bûcheron, madame Michèle. Dans la famille, on fait ça de père en fils. Mais pour l'instant, j'ai de gros problèmes financiers. Suite à un accident. Une chaîne de tronçonneuse qui s'est cassée. J'ai une blessure assez profonde à la jambe. Ça m'empêche de travailler. Pas moyen d'aller au bois finir les coupes.

Il poursuit :

— Ce qui fait que je suis tout le temps à la maison. Cette histoire d'ange me rendra fou, madame Michèle. Il suffit que je me repose dans mon fauteuil pour que Sébastien s'approche et invite son ange à faire pareil. Viens t'asseoir près de mon papa, il lui dit ! Et si nous recevons de la visite, il l'invite à table. C'est aberrant. Et désolant... Tenez, nous voilà arrivés chez nous.

Une jolie maison ardennaise se dresse devant nous, entourée de son muret, avec sa cour que l'on traverse pour gagner la porte d'entrée. Mme Gérard me prend le bras et me montre, sur la dernière marche du perron, les pots de fleurs d'où jaillissent des squelettes de plantes vidées de leur énergie.

— Vous voyez.

Spectacle désolant, en effet. Tandis que nous entrons dans la maison, je me demande quelle énergie est capable de faire autant de dégâts chez des végétaux. Il doit forcément y avoir un important déséquilibre quelque part...

— Venez. Je vais vous présenter Sébastien.

Apparaît un bambin doté de joues bien rondes. Il a l'air gentil. Et il me donne l'impression d'avoir la tête sur les épaules, contrairement à ce que pensent ses parents. Pour moi, Sébastien n'est absolument pas sous l'emprise d'une quelconque puissance invisible. Le problème est ailleurs.

— Salut, bonhomme.

— Bonjour, madame.

— Appelle-moi Michèle, d'accord ? Quel âge as-tu ?

Il répond qu'il a sept ans. Il ajoute aussitôt :

— Tu viens à cause de mon ange ?

— C'est vrai que j'aimerais bien faire sa connaissance.

L'instant d'après, Sébastien me prend la main pour m'entraîner dans son « petit bureau », une pièce contiguë à la salle de séjour. C'est là qu'il est bien, m'explique-t-il. Et c'est là aussi que son ange lui rend visite.

La pièce est joliment entretenue. Une étagère accueille des livres rangés avec soin. Des feuilles couvertes de dessins s'empilent sur le bureau – essentiellement des personnages comme les enfants aiment à en croquer.

— Tu dessines bien, Sébastien.

— C'est lui que j'ai dessiné. Mon ange.

J'examine l'un des dessins : un enfant qui traverse une maison en suivant de petites flèches. J'observe que l'« ange » n'a pas d'ailes, et quelque chose me dit que l'indication a son importance.

Presque au même instant, j'ai une vision assez forte : une rivière coulant sous la maison. La cave est inondée. Un enfant est en train de s'y noyer. Un petit garçon âgé de cinq ans tout au plus. Le malheureux tend les bras à la surface de l'eau. Un bouillonnement se produit. L'enfant disparaît, englouti par le tourbillon. C'est fini. À présent, tout est noir. La vision s'estompe.

Je feuillette les autres dessins de Sébastien. Je constate que l'enfant est toujours représenté en bas de la maison. Je sais maintenant ou se situe le problème.

Il ne s'agit pas à proprement parler d'un ange, mais d'un petit garçon de cinq ans dont l'énergie est retenue ici, par la peur, depuis de longues années sans doute.

Je rejoins les parents de Sébastien dans la cuisine. Ils m'interrogent d'un regard anxieux. Je sais qu'ils attendent de ma part une réponse concrète.

— Sébastien est tout à fait normal, leur dis-je. Il voit un enfant lui apparaître, alors il pense que ça doit être un ange. Je viens de comprendre ce qui se passe réellement chez vous.

Ils m'écoutent avec attention. Je poursuis :

— Votre petit Sébastien est doté d'une très forte sensibilité. C'est elle, cette sensibilité, qui a attiré un malheureux esprit prisonnier dans votre sous-sol. Je vais devoir vous poser deux ou trois questions...

Ils n'émettent aucune objection. Je réfléchis, puis demande :

— Est-ce qu'il n'y a pas eu d'importantes inondations dans ce village ? Je veux dire : autrefois...

— Il y en a souvent, répond M. Gérard. Tous les ans, on a la cave inondée.

— Un drame ne se serait pas déroulé ici ?

Cette fois, c'est Mme Gérard qui prend la parole :

— Nous n'avons acheté ici qu'il y a deux ans. Mais nous pourrions interroger le voisin, M. Félix. Il est né au village...

— Ce serait bien de lui poser la question, dis-je.

M. Gérard s'en va le chercher. Mme Gérard reprend aussitôt :

— Que se passe-t-il, madame Michèle ? Vous paraissez troublée...

— C'est que je ressens la présence du petit esprit... Dans les caves. Et cet esprit réclame de l'aide, comprenez-vous ? Il réclame de plus en plus fort. Il a perçu ma présence. Mon Dieu... Comme il est seul... Comme il est désemparé...

Une minute plus tard, M. Gérard est de retour, accompagné du voisin, M. Félix. Et M. Félix de raconter l'histoire suivante :

— Pendant la Seconde Guerre mondiale, il y a eu des hivers très froids. Surtout en Ardenne. Une année, il est tombé beaucoup de neige. Et au printemps, en fondant, cette neige a provoqué de fortes inondations au village. Mes parents racontaient qu'il y avait eu un accident. Un enfant prénommé Ernest qui avait échappé à la surveillance maternelle, et était descendu tout seul à la cave. Là, il s'est noyé. Il devait être très jeune. Maman disait toujours que la pauvre mère d'Ernest en était devenue folle de douleur. Surtout qu'elle venait de perdre son mari à la guerre... Enfin, il lui restait une fille...

Tout en écoutant ce récit, je songe à ma vision de tout à l'heure. Ces images ne montraient rien d'autre que les derniers instants de ce pauvre petit malheureux.

— Cette histoire vous a-t-elle aidée, madame Michèle ?

— Plus que vous ne le croyez, monsieur Félix.

Je dois me préparer maintenant à descendre à la cave où l'esprit tourmenté réclame mon aide. C'est alors que Sébastien intervient :

— Tu vas aller chercher mon ange ?

J'explique à Sébastien que son « ange » est très malheureux dans ce sous-sol. Il y fait froid.

— C'est pour ça qu'il vient dans mon bureau ? Pour se réchauffer ?

— C'est aussi parce qu'il t'aime beaucoup.

L'enfant s'inquiète pour son ami, en bas. Il sait que si je suis là, c'est pour permettre à l'« ange » de s'en aller, et cela lui fait de la peine. Je le vois qui baisse la tête. Des larmes se répandent sur ses joues.

— Ton ange, lui dis-je doucement, ton ami, il a besoin de retrouver sa maison ! Toi aussi, tu aimes ta maman. Toi aussi, tu as besoin d'elle. Non ?

— Je comprends. Mais j'ai du chagrin à l'idée de le quitter. On s'entendait si bien !

— Tu continueras à l'aimer, Sébastien. Il sera toujours dans ton cœur. Et toujours ton ami.

— Où tu vas l'emmener, mon ange ?

— Nulle part. Je vais juste lui montrer le chemin pour retourner près de sa maman qui l'attend au ciel.

— Tu fais comment, pour lui montrer le chemin ?

— Je lui envoie plein de bisous et plein d'amour. Ça se fait au moyen d'une prière. Après, le chemin s'ouvre tout seul devant lui…

M. Gérard intervient :

— Laisse madame Michèle aider ton petit ange, Sébastien !

— Mais papa, moi aussi je veux lui donner des bisous et de l'amour ! Il est mon ami !

Le temps presse. Je sens que l'enfant dans la cave a capté mon énergie. Il m'attire vers lui. Il faut faire vite. Je dis soudainement :

— Tu vas venir avec moi, Sébastien. Nous allons descendre ensemble aider ton ami.

La cave est une pièce voûtée au sol légèrement humide. Des ondes me signalent la présence d'une source passant sous nos pieds. Nous nous avançons prudemment. Puis nous pénétrons dans une autre cave dont un angle est occupé par un puits. J'examine ce puits qui n'est pas condamné. C'est excellent pour la circulation des ondes. En relevant la tête, j'aperçois une présence qui s'approche de nous.

— Michèle ! dit Sébastien derrière moi. Tu le vois ?

— Laisse-le venir.

Et Sébastien de reprendre en s'adressant à l'esprit :

— Viens, n'aie pas peur. Je suis là. Tu vas retrouver ta maison. Michèle est ici pour t'aider…

Pendant que je récite ma prière de délivrance, mon petit compagnon continue d'adresser doucement à l'esprit des paroles rassurantes.

L'esprit se trouve à présent à un mètre de nous. Je sens son énergie qui se rapproche. Il nous touche. Puis il recule vers Sébastien. Je perçois très nettement la complicité qui les unit, et qui est très forte.

Mentalement, je demande de l'aide à l'au-delà. J'appelle la maman du petit être. Au bout d'une dizaine de minutes, une odeur de muguet se répand dans la cave. Elle est particulièrement forte dans le coin gauche de la pièce, là ou se trouve l'esprit. Une autre forme, plus grande, ne tarde pas à apparaître derrière lui. Elle vient à nous.

— Regarde ! dit Sébastien. C'est une jeune fille... Comme elle est belle !

Oui, une jeune fille. Elle doit avoir une quinzaine d'années. Elle est vêtue d'une chemise de nuit claire. Un châle lui couvre les épaules, sur lequel tombent ses longs cheveux. La forme s'immobilise devant moi. Aussitôt un dialogue mental s'instaure avec mon esprit.

— Je suis Thérèse, dit la jeune fille. La sœur du petit Ernest.

Disant ces mots, elle a tourné son visage vers l'esprit de l'enfant.

— Notre famille a tellement souffert ! reprend-elle. Je suis partie pour l'au-delà à la suite d'une bronchite. Mes poumons n'en pouvaient plus. Le cœur a lâché. Maman nous attend...

Son esprit m'effleure les épaules, puis repart en direction de l'enfant. Je sens que cette jeune fille tient à me rassurer. Pourtant, c'est moi qui suis venue rassurer et aider l'esprit de son petit frère ! Comme c'est étrange... Je ne sais que lui répondre. Sébastien, qui me tient la main, ne semble pas très à son aise...

— Michèle, dit-il en se cramponnant à moi. Qu'est-ce qu'elle veut ?

— C'est sa grande sœur. Elle vient le chercher.

Je m'agenouille devant Sébastien. Je lui prends les mains. Je sais d'expérience qu'il est très dur de voir partir les esprits avec lesquels se sont nouées certaines affinités. Pourtant il faut bien que la vie dans l'invisible reprenne ses droits. Comment l'expliquer à ce jeune garçon de sept ans sans lui faire de la peine ?

— Sébastien, dis-je, écoute-moi bien. Le moment est venu de dire au revoir à ton ami Ernest... Il va partir rejoindre sa maman, maintenant...

D'un côté, un enfant de sept ans à qui l'on enlève son ange, son ami. De l'autre, l'obligation où je suis de dominer mes émotions pour mieux aider l'esprit d'Ernest à s'en aller dans l'au-delà... Soudain une lueur se forme autour du petit esprit. À présent, je distingue nettement la silhouette d'Ernest. C'était un enfant d'une grande maigreur, mais aux traits fins. Il a les cheveux raides coupés court, avec toutefois de petites mèches qui lui retombent sur le front. Il porte un tablier. Il est chaussé de bottines montantes à lacets de couleur sombre. Il se dirige vers sa sœur Thérèse. Il lui prend la main. Il adresse un signe à Sébastien – un signe d'adieu. L'énergie qui les entoure, lui et sa sœur, commence à diminuer. L'intensité vibratoire des deux êtres aussi. Ils ne sont bientôt plus que deux points minuscules. Enfin ils disparaissent totalement. Ils sont partis pour l'au-delà.

Sébastien, les larmes aux yeux, dit courageusement :

— Je suis heureux que mon ami ait retrouvé sa famille, Michèle.

— Moi aussi.

— Je lui ai envoyé plein de bisous.

— Tu es devenu un petit homme, on dirait.

Une dernière bénédiction, et il ne nous reste plus qu'à regagner le rez-de-chaussée où nous attendent les parents de Sébastien et M. Félix.

— Il est parti, maman ! Mon ange est parti ! C'est Thérèse, sa grande sœur, qui est venu le chercher. Je l'ai vue. Et Michèle aussi. Il s'appelle Ernest... Il est au ciel, maintenant. Près de sa maman.

Les parents de Sébastien semblent médusés, mais pas M. Félix qui sourit d'un air confiant.

J'ai vu beaucoup de choses depuis que ce don vit en moi, mais la rencontre entre l'esprit d'Ernest et Sébastien m'est toujours restée en mémoire comme un de mes plus beaux souvenirs. Elle montre combien l'amour de l'échange compte dans la vie, même quand il se situe à un autre niveau de conscience. Ces enfants qui vivaient dans des dimensions différentes ont réussi à s'entraider, et à accomplir le miracle de l'amour ; et cela grâce à la confiance qu'ils éprouvaient l'un envers l'autre. Cependant, je ressentais une frustration, comme souvent lorsque j'entre en contact avec l'esprit d'un enfant. Si l'approche se fait toujours en douceur, la séparation est chaque fois aussi brutale, comme si je devenais dangereuse pour lui, indésirable. Pourquoi ? Le jour où j'ai clairement posé cette question à l'au-delà, la réponse m'est venue précédée par un prénom : Germain.

— Germain ? dis-je, étonnée. Germain le maraîcher ?

— Oui !

Comment ne pas me souvenir de lui ? Quand je l'ai connu, j'étais une petite fille de six ans. Lui avait une soixantaine d'années. Il habitait un hameau non loin de mon village. Je me rappelle très bien sa maison – toute petite avec des volets verts et des géraniums rouges posés sur le rebord des fenêtres. Sous celle de la cuisine, s'étendait un vieux banc de bois sur lequel Germain faisait sécher au soleil ses oignons, ses échalotes et ses tresses d'ail qui pendaient de chaque côté.

Germain était un homme affable et doux. Sa porte vous était toujours ouverte. Il faisait son marché au hameau voisin, d'où il ramenait de grandes corbeilles en osier pleines de fruits qu'il aimait à distribuer aux enfants en jurant qu'ils étaient pleins de vitamines. Et Germain était mon ami. Hélas ! par une journée maussade de novembre, il s'en est allé vers l'au-delà. Il n'avait pas eu le temps de me dire au revoir.

Sur le moment, la petite fille que j'étais n'a pas compris pourquoi il était impossible de continuer à voir son ami. Souvent elle passait devant la maison aux volets clos, en se disant que Germain lui manquait.

Aujourd'hui, la petite fille est devenue une femme. Cette femme a le bonheur et le privilège de pouvoir communiquer avec l'au-delà. Et de pouvoir aider des enfants comme Sébastien à se séparer d'un esprit qu'ils ont fini par aimer. Car l'au-delà ne change pas les êtres. Leur énergie demeure vivante, quelquefois très fluide et très sensible – comme celle qui compose l'aura des gens.

— Dans notre système d'évolution, m'a dit ce jour-là Germain, le maraîcher de l'au-delà, l'esprit d'un enfant est en perpétuel travail de recherche pour apprendre la vie qu'il n'a pas eu le temps de connaître. Son énergie se manifeste autour de toi par saccades qu'il ne peut pas encore bien contrôler. Il est attiré par toute vibration porteuse d'amour et de sensibilité, il voltige comme un papillon qui essaie de fusionner avec ton aura. C'est dans la douceur qu'il cherche les molécules d'énergie qui seraient compatibles avec celles qui composent son esprit. L'amour maternel qui émane de toi est évidemment très conducteur... Mais il ne peut retenir tes molécules longtemps, parce que c'est très fatigant pour lui, il doit faire un effort gigantesque pour rester uni à la matière, et ce n'est pas non plus le but de son évolution. Il est comme un nageur sous l'eau qui a tenu en apnée aussi longtemps que possible, mais qui doit remonter à la surface pour respirer : c'est pourquoi il te quitte brusquement. Ce n'est pas contre toi ; c'est pour son bien.

Depuis ce jour, je ne cherche pas à retenir plus qu'il ne faut les esprits d'enfants qui viennent se ressourcer en moi ; je les accueille, mais je leur laisse la porte ouverte, dans les deux sens. « Ah ! se plaignent parfois mes propres gamins, sourire en coin, si tu étais aussi cool avec nous... »

Trois semaines après ma rencontre avec la famille Gérard, en relevant le courrier, je tombe sur une enveloppe brune adressée à mon nom. Je la retourne : pas de nom d'expéditeur. Je la décachette. Elle contient un grand dessin représentant un paysage avec une maison au-dessus de laquelle, parmi les nuages, vole un ange muni de petites ailes. Le dessin s'accompagne de quelques mots à mes yeux pleins de sens : « Pour Michèle, de la part de Sébastien et de son ange. »

Le mystère de l'échange

Plus grandissait ma notoriété, moins je me déplaçais vers les lieux chargés de conflits. Les gens, désormais, venaient à moi. Et je n'en étais pas fâchée, car ces déplacements me laissaient bien souvent exténuée. L'une des phrases que j'entends le plus souvent est la suivante : « On m'a conseillé de venir vous voir. » J'étais déjà d'un naturel accueillant et spontané avant de m'être aperçue de mes dons, aussi n'ai-je aucun mal à ouvrir ma porte aux visiteurs, surtout quand ils sont dans la peine. D'ailleurs, le mystère de l'échange avec l'invisible tient justement en quelques mots : être capable de recevoir, d'ouvrir son être intérieur, afin que les forces du monde puissent y pénétrer, y circuler. J'ai bien dit : le mystère de l'échange. Pas la recette. Je n'ai aucun mérite particulier. Je suis sensible aux présences de l'autre côté, voilà tout. J'ai surtout la chance de savoir prendre la vie comme elle vient. C'est un trait de mon tempérament. Ma réceptivité a dû suivre cette pente. D'ailleurs, tel est peut-être le fin mot de l'énigme : suivre sa pente n'est pas chose facile. Ou, pour le dire autrement, être réceptif n'est pas un acte passif. Un travail est nécessaire. Un travail d'un genre singulier, puisqu'il consiste à faire l'effort de rester soi-même, de ne pas dépasser sa spontanéité réceptive, le tout premier état de son être propre. Très peu de gens savent camper sur ce premier moment. La plupart de nos semblables ne peuvent s'empêcher d'aller voir plus loin, de se laisser entraîner vers la réflexion, l'opinion, le jugement. Rester en deçà du jugement exige un effort de vigilance, et cette vigilance se cultive. Demeurer soi-même veut dire résister à la tentation de se quitter, de se perdre de vue, de laisser échapper le contact premier, intuitif, avec son être profond.

Parmi ceux qui ont besoin d'aide, je rencontre souvent des personnes qui voudraient communiquer avec leurs disparus. Dans bien des cas, c'est qu'ils n'acceptent pas la séparation. D'autres attendent de l'invisible le message qui leur fera du bien, une réponse à des questions ou à des énigmes qui les tourmentent. Pour eux, c'est un peu comme attendre une lettre qui n'arrive jamais, ou chercher dans les livres une solution aux impasses de la vie quotidienne. Ils veulent, ils veulent ! Ils ne voient pas qu'ils sont devenus dépendants de leur demande. Ils sont très surpris quand on leur explique qu'ils souffrent d'une forme d'avidité, et que cette affection leur gâte l'existence.

On me pose souvent la question suivante : « Où va-t-on après la mort ? » Est-ce qu'il ne vaudrait pas mieux commencer par se demander ce que nous faisons ici ? Je veux dire : prendre conscience de la réalité de notre propre vie. C'est seulement ainsi, en percevant la réalité de ma vie, que j'ai pu accepter l'ouverture vers l'au-delà. Jour après jour, j'ai appris à travailler l'échange et le dialogue. Chaque minute qui passe m'est une occasion nouvelle de découvrir que rester soi-même est notre force principale, en même temps qu'une puissante protection. C'est la force émanée de mon être intime qui me permet de faire connaissance avec l'autre sans me placer sous sa dépendance ni cesser de poursuivre mon intuition. C'est elle aussi qui me permet d'accepter mon destin.

À propos de destin, une autre notion m'exaspère, c'est celle de « chance ». « Quelle chance il a ! » entend-on répéter trop souvent. Mais qu'est-ce que la chance ? Tous, nous avons notre chance. Croire en sa chance, n'est-ce pas simplement croire en soi, en cette faculté qu'a le destin d'agir toujours à travers nous, par nous et pour nous ?

Je veux dire enfin que la plupart de nos malheurs viennent de nos peurs. Nous craignons de n'être pas assez armés. C'est le contraire que nous devrions craindre. Pour moi, on n'est jamais assez désarmé ! On ne laisse jamais suffisamment tomber ses défenses. Combien d'entre nous vivent leur vie comme ligotés dans le corset de leur quotidien ? Ils espèrent se protéger ainsi contre les agressions et les peurs. Et ils ne voient pas qu'ils se protègent surtout contre la beauté, voire l'émerveillement, dont leur vie est pleine.

Des gens prisonniers d'une armure : j'en rencontre tous les jours. En voici quelques exemples.

Charles-Henri

Il y a l'armure de marbre. L'armure à masque froid. Le visage dur et fermé. C'est un classique du genre. Et jamais il ne m'impressionne. Je sais en effet que derrière la froideur, derrière la dureté, se cache un cœur qui souffre. Un cœur qui se refuse à l'écoute de l'autre, et préfère s'emprisonner lui-même dans sa solitude. Ceux qui s'enferment dans cette armure-là en veulent à la terre entière. Ils finissent par maudire l'armure elle-même !

Charles-Henri est dans les affaires. Nous avons des amis communs. Il me rend visite dans l'espoir que lui parviendront grâce à moi, de l'au-delà, des informations susceptibles d'améliorer son business. L'argent, l'argent, toujours l'argent !

Je le revois campé sur le pas de ma porte, vêtu d'un élégant costume bleu sombre, un sourire éclatant vissé sur la figure. Je crois entendre encore son « Bonjour ! » bourré de résolution.

— Que puis-je pour vous ? dis-je après l'avoir fait entrer.

— J'ai appris que vous aviez le don d'entrer en contact avec les défunts.

— C'est exact.

Je n'aime guère sa façon de me toiser avec condescendance, mais passons. Je m'apprête à lui demander de poursuivre quand nous sommes interrompus par le téléphone. Je réponds aussi brièvement que possible, mais je sens que mon visiteur m'observe d'un œil dur et mécontent. Quand je raccroche, il reprend d'un ton sec :

— Je veux que vous entriez en contact avec ma mère. J'ai besoin de savoir où sont passés certains documents notariaux concernant l'héritage de mon grand-oncle.

Encore un matérialiste ! Il me tend une photo de sa mère. À la minute où j'effleure l'image, une vibration me traverse. Une vision surgit. Je vois une très belle femme aux cheveux roulés dans un chignon. Quelle classe a cette femme ! Pourtant ses yeux sont emplis de tristesse. Je l'entends qui me dit :

— Maman. Prononcez le mot maman.

Je fixe Charles-Henri du regard. Son expression est toujours fermée.

— Vous voulez que j'appelle l'esprit de votre mère – pardon, de votre maman ?

Il a blêmi. Les frissons qui me montaient le long de la colonne vertébrale se sont arrêtés aux épaules. C'est l'indice qu'une présence se tient à mes côtés. Mon visiteur ne va pas tarder à se retrouver décontenancé.

— C'est le mot maman qui vous choque ?

Il tarde à répondre. Il feint de vouloir mûrir son commentaire. En fait, il est déstabilisé. Il est venu consulter avec en tête des idées matérialistes et terre à terre. Il voulait des réponses factuelles. Il était dominé par la convoitise. Et l'esprit de sa mère vient de le précipiter dans l'affectivité.

— Que voulez-vous dire ? finit-il par lâcher.

— Votre maman est toujours présente dans votre cœur. Ce n'est pas en étouffant sa mémoire dans l'indifférence, en l'emprisonnant dans l'amertume et l'égoïsme, que vous serez heureux.

Il a la tête du type qui vient de prendre une claque. Mais il se contrôle et enchaîne :

— Comment savez-vous qu'il y avait une barrière entre ma mère et moi ?

— C'est elle qui me le dit. Elle n'a jamais cessé de vous aimer, même dans l'au-delà. Dans l'au-delà, le destin se poursuit. Et l'amour se fortifie continuellement.

Le visage de Charles-Henri est toujours fermé, mais je sens que les larmes ne sont pas loin. C'est bon signe. Mon visiteur est en train de s'ouvrir à une vérité. Et la vérité est toujours émouvante. La présence de sa maman se fait plus forte. Maintenant, nous échangeons plus distinctement. Sa voix me dit :

— Parlez-lui de son enfance. Il avait un petit chien, un caniche blanc appelé Prince. Prince portait un collier avec des perles minuscules. Charles-Henri est toujours persuadé que j'ai causé la mort de Prince...

Je reprends à l'adresse de Charles-Henri :

— Votre maman me charge de vous informer qu'elle n'est pour rien dans la mort de Prince, votre caniche blanc au collier de perles.

Il est pétrifié. Il demande au bout d'une minute :

— Qui était responsable de la mort de Prince ?

— Votre père. Toujours d'après votre maman.

Charles-Henri prend son visage dans ses mains.

— Et moi qui en veux à ma mère depuis toujours !

Il relève la tête. Son regard a changé – c'est désormais l'expression du désarroi.

— Écoutez, dis-je. Tout cela appartient au passé. Arrêtez de vous faire du mal. Votre maman est là, près de nous, en ce moment même. Elle sera toujours à vos côtés. Vous ne trouvez pas cela merveilleux ?

Sa réponse tombe au bout d'un moment :

— Vous avez raison. C'est merveilleux.

Toute dureté s'est effacée de son visage. Charles-Henri accueille à présent une forme de paix, une délivrance. Il n'y a plus chez lui la moindre trace d'austérité et de dédain !

Mais la présence de sa maman se fait plus forte en moi. Le moment semble propice à une tentative pour les mettre en contact. Je prends la main de Charles-Henri. Je la dirige vers le milieu de la table, là où s'anime l'énergie de sa maman.

— Vous sentez ce léger courant d'air ?

— Oui.

— C'est l'énergie de votre maman. Vous voyez : elle est vivante en vous.

— Mon Dieu...

Il a fixé les yeux sur le centre de la table.

— Je n'imaginais pas une chose pareille...

— Parlez-lui. N'ayez pas peur.

— C'est toi, maman ?

— Elle vous sourit.

— Je t'aime, tu sais. Pardonne-moi.

Les larmes coulent sur le visage de Charles-Henri. Pendant ce temps, la vision s'estompe.

Charles-Henri repartira sans avoir appris ce qu'il est advenu des documents de son grand-oncle. Mais je sais qu'il n'a pas eu l'impression de s'être dérangé pour rien.

Le jardinier de l'au-delà

Autre armure terrible : l'armure de fer. Celle-là est offensive. Celui qui la porte jette sa méfiance à la face de l'autre. Ses armes sont les mots cinglants et les piques de l'insolence. Antoine, jeune cadre dans la banque, est enfermé dans une armure de ce type.

— Vous savez, madame, me dit-il d'emblée, je suis un sceptique. Si je viens vous voir, c'est par pure curiosité.

Mais il est tout sauf décontracté. Il essaie de se donner une contenance. Il se fabrique un personnage. Il joue un rôle. Ceux qui habitent une armure de fer préparent toujours leur texte avant de me rencontrer. Ils s'expriment au moyen de phrases courtes, bien ficelées, mûrement pesées. Ils manquent tellement de naturel !

Lorsque j'offre à Antoine de s'asseoir, il répond qu'il préfère rester debout. Et je note que son regard est attiré par l'escalier. Sur les marches, Saphir nous observe. Saphir est notre chat persan. Manifestement, sa présence fascine mon visiteur.

— Vous aimez les chats ? dis-je.
— Je les ai en horreur.
Ma première impulsion est de le flanquer dehors, mais une voix intérieure me commande de rester calme. C'est une voix masculine à la tonalité apaisante. Une voix familière. Je l'entends qui ajoute :
— En fait, il les aime.
À cet instant, j'ai une vision. Je vois un enfant qui marche en compagnie de son grand-père. Un chat les suit.
Je m'entends alors prononcer la phrase suivante à l'adresse d'Antoine :
— Vous les aimez. Mais ils vous font peur. Depuis l'enfance. Depuis que le chat de votre grand-père vous a griffé au menton.
Antoine, médusé, a eu le réflexe de porter la main à son menton. Je l'invite à venir s'asseoir près de moi. Cette fois, il accepte. Complètement abasourdi, il s'empare de la chaise avec des gestes d'automate. Voyant qu'il est décidé à m'écouter, je reprends :
— Le chat de votre grand-père est mort depuis belle lurette, mais vous le détestez toujours. Un conseil, arrêtez de vous tourmenter. Laissez l'esprit de ce chat en paix…
— Vous savez lire dans le passé des gens… Je vous répète que je suis un sceptique…
— Il y a plus important. Quelque chose qui continue de vous briser le cœur. Et qui vous pousse à regarder le monde d'un œil « sceptique », comme vous dites…
Il lève un sourcil.
— De quoi parlez-vous ?
— De la mort de votre grand-père. Le jour de son décès, vous vous êtes laissé tomber de chagrin dans un fauteuil, sans prendre garde au chat qui y était endormi. La réaction du chat a été de vous griffer.
Antoine se lève d'un bond. Son visage est traversé par une expression où se mêlent la haine, le remords, la douleur et l'incompréhension.
— Vous êtes une sorcière !

C'est la première fois qu'on me jette cette accusation à la figure. Ma réplique est cinglante – un nouveau coup de griffe, en vérité :

— Je préfère être une sorcière plutôt qu'un être prisonnier des chimères de son passé !

— Je ne vous permets pas !

— Moi non plus !

Il reste un moment sans mot dire. Je l'interroge doucement :

— Toujours sceptique ?

— Non.

Le ton a changé. Ses traits s'adoucissent. Je devine qu'il pense à son grand-père avec tendresse. Mais il n'accepterait de le reconnaître pour rien au monde. Par pur et simple orgueil.

— Votre grand-père est un être exceptionnel, dis-je. Vous avez lieu d'être fier de lui. L'énergie de son esprit est ici…

Je lui indique un point dans la pièce.

— Il va certainement vous communiquer un message…

— Comment le savez-vous ?

— Son énergie grandit. Je le sens.

J'ai une nouvelle vision. Je décide de la décrire à Antoine :

— Votre grand-père est en train de s'affairer dans le potager. Il était jardinier, non ?

— C'est vrai.

— Je vois qu'il est satisfait de ses plantations. De l'harmonie qu'il a créée. Je vois un poulailler en ruine au fond du potager. Je vois aussi un arbre fruitier. C'est votre grand-père qui l'a planté. Pour célébrer votre naissance, Antoine… Vous avez exactement l'âge de cet arbre…

— Vous voyez autre chose ?

— Je vois que votre grand-père collectionnait les jouets anciens. Les chevaux à bascule, notamment. Les jeux en bois. C'est lui qui réparait votre petit cheval, votre vélo… Je vous vois… Vous êtes assis auprès de lui… Vous êtes un garçon tout blond en culotte courte et pull à rayures…

— Comment faites-vous pour…

— L'esprit de votre grand-père me montre ces images. À l'instant où nous parlons, je le vois dans son potager. Il porte un grand tablier et un chapeau de paille. Il a son chat avec lui : Casimir. Ce chat qui vous a griffé…

La vision s'efface.

— Je ne sais que dire, soupire Antoine.

— Alors ne dites rien.

Il n'est pas toujours nécessaire de parler. Du reste, les gens comme Antoine ne se servent pas des mots pour échanger, mais pour se protéger. Il finit tout de même par reprendre :

— Vous parlez de mon grand-père au présent… Mais il est mort depuis longtemps, non ?

— Pour moi, il vit toujours. Il vit de l'autre coté de la vie. Pensez à lui de temps en temps. Dites-vous qu'il y a aussi des jardins à entretenir, dans l'au-delà. Qui est mieux placé que votre grand-père pour s'en occuper ?

Un large sourire s'affiche sur la figure d'Antoine. Enfin, il se détend !

Je sais qu'il se sentait plus léger en partant rejoindre ses activités. Aux dernières nouvelles, il s'est mis à faire du sport, lui qui ne sortait de son bureau que pour s'enfermer chez lui. Peut-être s'est-il allégé d'un morceau de son armure.

Claudine et mamy Jane

Il existe aussi de toutes petites armures : celles de la timidité. Elles emprisonnent aussi efficacement que les autres. Ceux qui en sont captifs ont tendance à rapetisser sous le regard de l'autre. Ce regard qu'ils osent à peine soutenir et qui les fait rougir.

Ainsi Claudine, la petite coiffeuse venue me rendre visite un matin froid de février. C'est Mme Fauverel qui me l'adresse – oui, cette Mme Fauverel dont il a été question tour à l'heure, la maman de Liliane…

— Mme Fauverel est ma cliente, poursuit Claudine. Je la coiffe à domicile une fois la semaine. Elle m'a parlé de votre don.

Parvenue à ce point, Claudine ne peut en dire plus. Sa timidité la paralyse. J'essaie de la mettre à l'aise en lui parlant à bâtons rompus. Et soudain la voilà qui se jette à l'eau – attitude fréquente chez les timides.

— J'aimerais vous demander quelque chose, dit-elle. Quelque chose d'important. Mais je ne sais comment le formuler…

— Vous voulez me demander un message de l'au-delà.

Je devine qu'elle attend un signe d'un disparu. D'un être qui vit de l'autre côté, et qui compte énormément pour elle.

— J'aimerais avoir des nouvelles de ma grand-mère, dit-elle. Si elle veut bien.

— Nous allons le lui demander.

Claudine, d'une main hésitante, me tend une photo de sa grand-mère.

Après quelques minutes de concentration, des vibrations se produisent dans mes cheveux.

— Je crois que nous avons de la chance, dis-je. L'au-delà est disposé à dialoguer avec vous.

Toute trace de timidité a disparu des traits de ma petite coiffeuse. Son visage s'éclaire d'un large sourire qui n'est pas destiné à moi seule : il me faut le partager avec sa grand-mère dans l'au-delà.

Chez les êtres du genre de Claudine, la timidité ne cache aucun orgueil. Quand ils acceptent de s'ouvrir, ils débordent de respect et d'humilité. Ils rayonnent d'une beauté intérieure à laquelle même l'au-delà est sensible.

Le premier message arrive sans tarder.

— Mamy Jane, me murmure une voix.

Je m'adresse à Claudine :

— On me demande de vous répéter ces mots : mamy Jane…

— C'est le prénom de ma grand-mère !

— Mamy Jane vous conseille de vous montrer plus forte dans la vie de tous les jours. Vous ne devez pas avoir peur de l'avenir.

— Je sais. Mais tout m'impressionne. Je souffre d'un excès de sensibilité que je n'arrive pas à corriger...

— Claudine, vous n'avez pas à vous corriger de votre sensibilité. La sensibilité est une de vos qualités ! Il faut simplement la fortifier...

— Comment ?

— En ayant confiance en vous.

Une vision apparaît. L'image d'une brave grand-mère. Cette dame possède une forte corpulence. Elle est joviale. Elle a de bonnes joues colorées. C'est la représentation même de la mamy gâteau. D'ailleurs, elle s'affaire à la cuisine. Elle prépare une tarte aux pommes.

Mamy Jane m'adresse un signe. On dirait qu'elle m'invite à ouvrir la porte et à entrer dans son petit monde d'autrefois. La vision se précise. J'en fais une description pour Claudine :

— Je vois une maison ouvrière. Avec une petite cour sur le devant. J'entends les rires d'un enfant. Dans le fond de la cour, une fillette joue à l'abri du vent, sur un banc en bois de couleur blanche. Elle coiffe ses poupées. Cette fillette, Claudine, c'est vous. Vous étiez déjà une petite coiffeuse...

— Je jouais toujours à la coiffeuse quand j'étais chez ma grand-mère pour les vacances.

— Je vois une boîte en carton où mamy Jane vous a préparé des habits de couleurs. Des habits pour vos poupées. Près du banc, je vois un petit landau. Un ours en peluche repose sur l'oreiller confectionné par mamy Jane...

— C'est Bambi ! s'exclame Claudine.

Les larmes ruissellent sur ses joues.

Je lui demande d'essayer de ne pas pleurer. Si l'émotion est trop forte, je risque de perdre le contact avec mamy Jane.

La vision change. Mamy Jane a pris une expression sévère.

— On dirait que votre grand-mère n'est pas contente.

— Mais je l'aime tant !

— Elle vous demande de grandir ! Elle dit que vous n'êtes plus une petite fille. Elle vous conseille de vous séparer de cet ours en peluche…

— Bambi…

Claudine est profondément troublée. C'est une autre réponse qu'elle attendait. Je crains qu'elle ne soit pas encore prête à entendre ce message-là…

— Qu'est-ce que je vais faire ? dit-elle, désemparée.

— Mamy Jane vient de vous le dire : grandir.

— Comment ?

Avec l'aide de l'autre côté, j'ai permis à Claudine de franchir les limites de sa propre vie, mais je ne peux en faire plus. C'est à elle d'accomplir le reste du chemin ! Pour tenter de l'accompagner un peu plus loin, je décide néanmoins de poser moi-même une question à mamy Jane :

— Avez-vous autre chose à transmettre à Claudine, s'il vous plaît ?

La réponse me parvient aussitôt :

— Dites-lui qu'elle doit avoir confiance en elle. Un jeune homme va bientôt entrer dans sa vie. Un homme de la terre…

Je répète le message à Claudine.

— Un jeune homme ? Comment vais-je le rencontrer ?

— Laissez agir votre grand-mère. Ayez confiance en elle.

Je l'ai dit, les personnalités comme celle de Claudine sont attachantes. De message en conseil, nous restons deux heures ensemble cet après-midi-là – deux heures qui passent comme une minute. Quand elle prend congé, elle est encore sous le choc de la rencontre avec mamy Jane. Mais je sais que sa vie prendra bientôt un nouveau cours.

En effet, je reçois des nouvelles six ou sept mois plus tard.

— Vous savez, l'homme de la terre… Eh bien ! je l'ai trouvé. Il s'appelle Freddy. Il a repris la ferme de ses parents. D'ailleurs, il vous connaît…

— Il me connaît ?

— Par ouï-dire. Il habite le village de Fernand. Rappelez-vous : les deux fermes, les veaux avortés, le taureau de concours…

— Bien sûr.

— Votre visite, ils en parlent encore. Avec mon futur mari, nous voudrions vous demander de venir protéger la maison et les étables. Avec vos prières. Au cas où, vous comprenez…

— Ce sera bien volontiers, Claudine.

Un an plus tard, Claudine m'annonce la naissance de deux jumelles, Aurélie et Virginie. Elle en profite pour m'avouer alors :

— Vous savez, je n'ai jamais pu me résigner à me séparer de mon ours en peluche !

— Je sais. Et mamy Jane le sait aussi.

— Ah bon ? Vous croyez ?

— Ne vous tourmentez pas, Claudine. Une mamy Jane ne se fâche jamais pour de bon. Tâchez de vivre heureuse avec vos petites jumelles, auprès de votre mari, dans votre jolie ferme.

À travers les pleurs de Sandra

Sur la plupart des visages, se lisent la souffrance morale, le manque d'écoute et l'absence de dialogue. Cette douleur intérieure est due au fait que nous ne cessons de nous replier sur nous-mêmes, sciemment ou non. En effet, le repli sur soi est un réflexe instinctif. C'est un moyen commode de résister aux agressions, mais il est quelquefois trop commode, justement, car il peut conduire à s'apitoyer sur son sort, à s'emprisonner en soi-même.

L'isolement individuel fonctionne comme un étau qui jour après jour se serrerait davantage. Au bout d'un certain temps, il refuse de se débloquer. Alors celui qui en est captif ne peut plus s'ouvrir à la connaissance de soi et d'autrui – c'est-à-dire à la connaissance tout court. Or personne n'exige de nous un pareil sacrifice. Nous ne sommes pas nés pour une existence d'enfermement et de solitude.

Ce repli aussi est une armure. Une armure intérieure. Une des pires qui soient.

Un matin de mars, alors que tombent les giboulées, je reçois un appel désespéré de Christiane. Elle est maman d'une adolescente prénommée Sandra. Sa fille, m'explique-t-elle au bout du fil, est « tombée » dans la drogue. Une drogue dure : l'héroïne.

Sandra ne répond plus, comme on le dit des avions ou des navires en perdition. Sa mère a tout tenté pour renouer le dialogue. Quoi de plus normal que de vouloir repêcher sa fille ? Mais elle a échoué. À présent elle est épuisée, à court de moyens, au bout du rouleau.

Je fais connaissance de Sandra deux jours plus tard. Il est évident qu'il existe en elle un être merveilleux. Mais il est bien caché. Sandra est nerveuse. D'emblée ses yeux se fixent sur moi avec une expression agressive, comme si j'étais son ennemie. C'est une écorchée. Cela vient de sa dépendance. Elle essaie de se murer contre tout dialogue avec moi.

Je tente de l'apprivoiser. Bien entendu, mieux vaut éviter le sujet de la drogue. Je lui parle doucement de choses en apparence superficielles. Je n'ai droit en retour qu'à un regard dur, empreint de silence.

Pourtant, après de longues minutes de mutisme complet, elle finit par desserrer les dents :

— C'est ma mère. Elle a insisté pour que je vous voie. Mais je n'ai rien à vous dire. Et je n'ai pas besoin de vous.

Ma réponse fuse aussitôt :

— C'est moi, Sandra, qui ai besoin de toi !

Elle me regarde d'un air perplexe, méfiant. Je reprends :

— Tu as très bien entendu. J'ai besoin de ton aide. J'essaie de donner un coup de main à des jeunes, en ce moment. Certains m'ont montré qu'ils étaient capables de réaliser des prodiges, tu sais. Dans toutes sortes de domaines. Chacun a sa personnalité, en fait. Chacun mérite d'être reconnu. Il y en a qui viennent me voir pour parler avenir. Bruno, par exemple. Il a un don formidable pour les graffitis. Oui, en fait, j'ai besoin de toi. Pour mieux comprendre les jeunes qui me rendent visite.

Sandra se tait un moment, puis répond :

— Je veux bien vous aider. Mais d'abord, je peux vous poser une question ?

Je note que le ton a changé. Toute agressivité a disparu.

— C'est vrai que vous avez le don de parler aux esprits ?

— Oui, c'est vrai.

— C'est facile, de leur parler ?

— Ça dépend. Quand ils sont d'accord, il n'y a pas de problème.

Près de moi, une énergie est doucement en train de prendre forme. C'est l'esprit d'un homme âgé. Je le perçois comme une entité désireuse de protéger Sandra.

— Justement, dis-je. Il y a ici un esprit qui aimerait dialoguer avec toi.

Elle est interloquée. Je précise :

— Grand-père Jean.

Elle est touchée au cœur. Je vois que sa vie affective est bloquée par un événement du passé qu'elle essaie d'oublier, mais qui continue de lui faire très mal.

En effet, la voilà qui fond en larmes !

— Grand-père Jean, balbutie-t-elle entre deux sanglots. Il m'a abandonnée en mourant.

— Il ne t'a pas abandonnée, Sandra. Il est là, avec toi. Il ne faut plus penser à lui de cette façon.

Dans la vision qui s'impose à moi, Sandra est encore petite. Elle déambule le long d'un couloir sombre. Il y a autour d'elle un va-et-vient incessant. Et personne ne lui prête la moindre attention. On fait comme si elle n'existait pas. Je la sens seule, révoltée. Elle s'est arrêtée au seuil d'une chambre où l'on a mis les lumières en veilleuse – la chambre où grand-père Jean vient de mourir.

Je décris cette vision à Sandra.

— C'est vrai, confirme-t-elle. J'ai perdu grand-père trop tôt. Je lui en veux encore de m'avoir abandonnée.

— Ce n'est pas raisonnable.

— Peut-être. Mais c'est comme ça. Je n'y peux rien.

Elle ajoute :

— Après le départ de grand-père, je refusais de voir d'autres personnes. Je ne voulais même plus voir ma grand-mère...

Elle commence à m'ouvrir son cœur. Toutes ces années à porter en elle une douleur énorme ! Et à se taire. C'est tout simplement effarant.

Une minute plus tard, elle me tombe dans les bras. Je l'invite à s'abandonner complètement. À se délivrer du fardeau qui lui pèse sur le cœur. Et d'une voix brisée par les sanglots, elle parle. De fil en aiguille, elle m'avoue autre chose qui lui fait atrocement mal : celui qu'elle aimait l'a quittée, et de la plus vilaine façon. Je lui conseille de ne plus s'en soucier. Ce n'est sûrement pas une grande perte pour elle. Le jour où ce garçon l'a laissée, me dit-elle alors, elle s'est mise à fumer de l'herbe. Peu à peu, elle a touché à des drogues plus dures. À ce point, je l'interroge :

— Tu n'as pas envie d'arrêter ?

— Si, avoue-t-elle en hochant la tête.

— Et pour ça, tu as besoin d'aide. Je me trompe ?

— Non. Vous ne vous trompez pas.

— Je suis là, tu sais. Et ton grand-père Jean est là aussi. Écoute, il voudrait que tu te rappelles un petit chemin qui longeait le ruisseau. Ce ruisseau où tu tombais souvent, dit-il. Il coulait tout près de sa maison.

Tu transportais un petit seau en plastique rouge que vous remplissiez d'œufs de grenouille pour les rapporter à la maison. En voyant ce trésor, ta grand-mère poussait des cris d'effroi...

Sandra sourit à travers ses larmes. Puis elle rit de bon cœur. Et c'est à son tour de me raconter des souvenirs de son grand-père. Les deux êtres ont été des complices autrefois. Des confidents. Des amis. Mais Sandra s'interrompt et dit :

— Vous ne sentez pas un courant d'air?

— C'est l'esprit de ton grand-père, dis-je. Son énergie. Ses vibrations, si tu préfères. Tu vois qu'il est toujours présent. Dans une autre dimension.

— Ça ne fait pas peur.

— Ça devrait?

Son sourire ne la quitte plus. Comme elle a changé en peu de temps! Cette Sandra-là me paraît plus vraie, plus authentique.

La conversation se poursuit sur un mode agréable. Sandra reconnaît avoir compris beaucoup de choses.

— Je vais me faire soigner, promet-elle. Je suis décidée à m'en sortir.

Soudain elle me saute au cou.

— Merci, grand-père Jean!

J'éclate de rire.

— Pardon! dit-elle. Mais je suis tellement contente!

Tandis que je tiens Sandra dans mes bras, la vision de son grand père ressurgit brièvement. Il me sourit. Une émotion m'envahit, pleine de tendresse.

— Sandra, je vois ton grand-père qui marche sur un chemin de terre. Il se retourne pour nous dire au revoir...

— Si je pouvais, je sèmerais des fleurs sur ce chemin...

— Tu peux lui envoyer tes baisers tous les jours. Tes paroles. Tes émotions et tes sentiments. Ça fait un bouquet aussi, tu sais. Et ça ne fane pas!

Sandra a pris congé, sachant qu'il lui faudrait du courage pour affronter ce qui l'attendait : une cure de désintoxication. J'ai su par la suite que l'épreuve n'a pas été facile. Mais Sandra fait partie maintenant de ceux qui ont réussi à se libérer de la drogue.

Deux ans après notre rencontre, elle m'a rendu visite. C'était un soir d'été. Elle était devenue une jeune femme ravissante et pleine de vie – une jeune femme sans masque ni armure. Elle me parle de ses études, de son projet de devenir assistante sociale. Elle a rencontré récemment un garçon prénommé Hugues, qui est étudiant en médecine.

— Il n'est pas du tout réceptif à l'invisible ! m'avoue-t-elle en riant.

Sans doute Hugues sera-t-il convaincu toute sa vie que seule la chimie est à même de lutter efficacement contre la drogue. Tant pis pour lui !

Troisième partie

Communication avec les esprits de la vie

Le cadeau de l'au-delà

L'au-delà se manifeste parfois à une personne qui n'a pas le don de voir, mais possède une grande sensibilité, et assez de cœur pour se donner jour après jour à ses semblables.

Linda, une femme de trente ans, possède un caractère réservé, mais déborde de tendresse pour ses malades. Elle leur offre quotidiennement sourire et joie de vivre. C'est une petite personne pleine de dynamisme. Elle est employée aux soins palliatifs, et Dieu sait combien il peut être dur de partager les derniers instants des mourants !

Elle me rend visite car elle voudrait percer le mystère des étranges phénomènes qu'elle observe, dit-elle, chaque fois qu'un de ses malades décède à la clinique. Elle se déclare très ouverte à l'irrationnel. Elle ne demande qu'à comprendre, et à apprendre.

— Je sais qu'avec vous, je peux parler de ce genre de choses, madame Michèle. Si j'abordais le sujet au sein du corps médical, je risquerais de me faire virer...

— Que se passe-t-il de si étrange, dans votre clinique ?

— Je sens des présences invisibles. Elles tournent autour de moi pendant la toilette des défunts.

Linda de poursuivre :

— On me touche... Je sens que quelque chose me frôle ou me tire par le coin de ma blouse. Parfois, c'est comme de l'électricité qui passerait sur mes mains et mes avant-bras... J'aimerais tellement savoir de quoi il retourne.

J'explique à Linda qu'elle se montre très dévouée envers les personnes en fin de vie, et avec les défunts ; c'est pourquoi ils se manifestent à elle en retour. Il n'y a rien de plus normal.

— À travers vos sentiments, lui dis-je aussi, à travers vos émotions, vous dégagez de l'énergie positive.

Comme nous continuons à parler, j'ai soudain la vision d'une petite fille qui a l'air de se cramponner à Linda par le coin gauche de sa blouse. Cette enfant est morte. De son vivant, elle n'était pas en bonne santé. Elle avait les joues creusées et de grands yeux tristes qui ravageaient son pauvre visage. J'entends que l'on prononce son prénom : Angélique.

Interrompant Linda, je lui demande si elle se souvient d'une fillette prénommée Angélique, qu'elle soignait deux mois auparavant.

— Bien sûr, répond Linda.

Je vois qu'Angélique souffrait d'une tumeur au cerveau. Et je vois dans son cerveau une tache foncée du côté droit, ainsi que d'autres taches plus petites autour de la tache principale.

— Je me rappelle qu'à la fin, poursuit Linda, elle avait de terribles difficultés respiratoires... J'aurais fait l'impossible pour adoucir ses derniers instants. Certains soirs, en rentrant de la clinique, je faisais le détour par la chapelle du village et je priais la Vierge... Je voulais que la Sainte Vierge la prenne dans ses bras et l'emmène dans l'au-delà. C'est ridicule, n'est-ce pas ?

— Il n'y a là rien de ridicule, Linda. C'est humain, au contraire. La souffrance d'Angélique vous faisait mal. Votre réaction était parfaitement naturelle.

Les larmes coulent sur les joues de Linda, preuve de la tendresse immense que lui inspirait sa petite patiente... Mais je sais que je ne dois pas m'abandonner à son émotion sous peine de perdre le contact avec l'esprit d'Angélique. C'est alors qu'une autre vision se manifeste. Celle d'un homme d'une soixantaine d'années. Cet homme est mort, lui aussi. Voici deux ans.

D'un cancer du foie. On murmure son prénom : Bernard. Je reprends :

— Linda... Bernard vous remercie... Il vous remercie pour la médaille que vous lui avez glissée dans la main à l'instant de son départ... Il me prie de vous dire qu'il avait grande confiance en vous... Grâce à vous, il s'était remis à croire qu'il existe un bon Dieu de l'autre côté de la vie...

Tandis que je parle, la vision disparaît. Linda éclate en sanglots.

— C'est trop pour moi, Michèle !

— Je sais...

À présent, je ne puis retenir mon émotion. J'ai envie de prendre Linda dans mes bras et de partager ses pleurs... Mais impossible de céder à cela ! Le don que je possède exige la plus grande neutralité psychique. Sans ce recul, je ne pourrais capter les visions et les messages des défunts.

Nous passons, Linda et moi, un moment très dur. Puis Linda reprend en séchant ses larmes :

— Comment faites-vous pour supporter ?

— Et vous ? Comment faites-vous pour supporter la souffrance de vos malades en fin de vie ?

— Je supporte parce que je les aime... Enfin, j'imagine.

— Vous imaginez très bien. C'est la même chose en ce qui me concerne. L'amour est une force inouïe...

Mais durant cet échange, une troisième vision a commencé de prendre forme. Je vois maintenant une femme assez âgée, plutôt forte. J'entends qu'elle s'appelle Lucie. Je dis à Linda :

— Lucie vous remercie pour les quatre fleurs que vous avez glissées entre ses doigts après la toilette mortuaire...

Linda se cache le visage dans ses mains.

— Ce n'est pas possible !

— Tout est possible, au contraire...

— Mais c'était il y a dix ans !

— Le temps n'existe pas, de l'autre côté… Seuls persistent les sentiments. La tendresse, la joie, l'amour. Tout ce que vous lui avez témoigné. Ces sentiments restent gravés dans leur être à jamais…

— Il est vrai, reprend Linda, que je n'arrive jamais à les laisser partir sans leur donner un souvenir à emporter dans l'au-delà… Comme un petit chapelet de nacre, ou des fleurs toutes simples…

Elle se tait. Elle me regarde fixement.

— C'est votre sensibilité naturelle qui leur est d'un grand secours, dis-je. Sans même vous en rendre compte, vous les aidez à passer de l'autre côté de la vie.

Je puis maintenant lui expliquer :

— Ces présences invisibles que vous percevez…

— Oui ?

— Ce sont des marques de reconnaissance. Elles vous remercient par des signes. C'est ce que j'appelle le dialogue muet. Un dialogue supérieur à celui qui passe par les mots. On ne peut le vivre que dans un autre niveau de conscience… Leur esprit, composé de molécules d'énergie, vibre dans une dimension différente. Une dimension que nous pouvons atteindre en pensée à condition de posséder une grande sensibilité… Comme c'est votre cas, Linda…

Linda hoche doucement la tête. Je poursuis :

— Je comprends ce que vous ressentez. Vous avez fait des études de médecine, mais c'est un enseignement où les secrets de l'esprit ne sont pas pris en compte. Il est vrai que l'esprit n'est pas anatomique…

Linda sourit. Elle est heureuse d'avoir pu dialoguer avec moi. Et surtout d'avoir été écoutée. Elle se lève. Elle est rassurée.

— Je vais vous envoyer des collègues ! dit-elle en riant. Des infirmières qui ont vécu des phénomènes tout aussi surprenants… Elles seront ravies de pouvoir en parler. Car chez nous, vous savez, le sujet est encore tabou !

Quel petit bout de femme formidable ! me dis-je en

la regardant s'éloigner et rejoindre sa voiture. Il en faut, du courage, pour s'ouvrir à l'irrationnel. Et pour accepter d'en discuter sans gêne ni retenue. Linda a compris désormais que le milieu où évolue l'esprit relève du fondement naturel et originel de la vie, non d'un prétendu domaine spirituel réservé aux seuls initiés.

Depuis son passage, d'autres infirmières m'ont rendu visite, pareillement heureuses de pouvoir s'ouvrir de ces sujets « qui font peur », comme elles disent. Le plus souvent, nous décidons de rester en contact, car c'est chaque jour que l'au-delà se manifeste, et leur offre un rendez-vous avec le merveilleux.

Les Petits Messagers de l'au-delà

L'amour est éternel. Il ne meurt jamais. Il vibre dans les cœurs comme dans les esprits. Son énergie se transmet et se transforme dans le visible et l'invisible.

C'est à travers la force de l'amour que les Petits Messagers de l'au-delà s'adressent à moi. Et c'est toujours un moment fort. Ces esprits-là respirent le genre de bonheur que l'on éprouve au plus profond de son cœur quand on est soi-même une maman.

Je sais qu'il est très dur de perdre un enfant. Pourtant il n'est pas bon de rester prostré dans le souvenir d'un petit visage que l'on ne verra plus, que l'on ne pourra plus embrasser ni serrer contre son cœur. C'est là que se situe l'erreur.

On ne doit pas dire : « J'ai perdu un petit, je ne le verrai plus. » Il faut au contraire remplacer la tristesse par l'espoir. La vision deviendra différente. On commencera à percevoir l'événement comme étant en rapport avec l'évolution des esprits. Alors s'ouvrira la porte de l'amour. C'est ce qu'il y a de merveilleux dans cette communication entre deux dimensions : l'échange apporte un nouveau regard, et donne à la vie un nouveau sens.

Car le petit être que l'on a perdu sur terre continue de grandir dans l'évolution, et devient toujours plus fort. Il atteint une connaissance de la vie plus profonde. Il passe au stade « sage », comme il était passé sur terre du stade « enfant » au stade « adulte ». Dans l'au-delà, l'esprit continue son travail de connaissance. Il ne vit pas dans le souvenir, mais dans la quête d'harmonie.

Oui, j'insiste sur ce point : nous devons remplacer notre vision de la mort par une vision de la vie. La vie qui poursuit son chemin. C'est pourquoi les esprits continuent d'évoluer tout près de nous. Ils circulent entre notre pensée, notre cœur et notre conscience.

Quand l'esprit d'un enfant décédé s'adresse à moi, je l'accueille comme un petit être venu me dire bonjour. Je sais qu'il ne demande qu'à dialoguer. Il me fera découvrir sa courte vie sur terre à travers des images, et à chaque fois demandera que l'on cesse de le pleurer. Car la tristesse freine son évolution dans l'au-delà. Je sais ce que l'on dit quand on perd un être cher. On dit qu'il est parti rejoindre Dieu. Mais Dieu est partout ! Puisque Dieu est la vie.

Et la connaissance est le but de la vie. Elle tend à révéler l'origine de toute évolution. Il existe en effet différents plans d'existence, et le plan matériel n'est que l'un d'entre eux. Comme c'est le seul auquel les êtres humains ont généralement accès, ceux-ci finissent par s'imaginer qu'il constitue l'unique réalité ! La position extrême, en ce sens, est celle du matérialiste, pour qui l'être humain, après sa mort, est totalement détruit et rendu au néant d'où il est né. Mais cette vision du monde est trop simple pour être crédible. Elle est même absurde.

Dans ce cas, me dira-t-on, il reste la religion ! Je répondrai que si les religions contiennent des fragments de vérité, elles proposent des visions naïves et partielles du réel.

En fait, il y a différents plans d'existence comme il y a différents plans de conscience. Tous ces plans coexistent et aucun n'est plus réel que l'autre. À chaque plan correspond un niveau d'information. En quittant le corps, l'esprit entre dans un « plan d'attente » où le temps n'existe pas. Il analyse sa véritable fonction. Il prend conscience de sa décorporation. Il doit alors s'adapter.

C'est une phase difficile. Nombre d'esprits continuent de s'accrocher aux souvenirs terrestres dont ils n'arrivent pas à se libérer. Certains essaient même de retourner en arrière : ils hantent alors d'autres lieux, ou des objets, pendant de longues années, comme le meunier Théophile ou Franz le soldat allemand. D'autres, qui ne peuvent ni avancer ni reculer, restent prostrés dans l'incertitude. Ceux-là ont besoin d'aide et d'amour pour trouver en eux l'équilibre qui leur permettra de s'ouvrir à l'autre dimension.

Lorsqu'il a reconnu cette obligation, l'esprit accepte sa nouvelle identité. Alors les esprits de ses ancêtres interviennent et l'enveloppent de leur propre connaissance. Il les reconnaît grâce aux molécules d'amour qui composent sa propre énergie. Des échanges ont lieu entre les émotions, les sentiments, l'inconscient et les mémoires. Il peut alors s'élancer vers l'évolution, se détacher définitivement des émotions et des sentiments mal vécus lors de son passage sur terre. À ce stade, on dit que l'esprit se régénère en puisant dans la force de son origine et dans l'amour. Il fait corps avec les esprits ancestraux et commence son voyage vers l'origine de la vie.

Un esprit qui quitte la terre n'est jamais seul dans son évolution. Il est toujours aidé par d'autres esprits déjà passés par ce stade de purification.

L'univers est comme une maison : il possède différents niveaux. Et dans chacun de ces niveaux d'existence, les esprits continuent de vivre, d'évoluer, d'apprendre. À aucun de ces étages, la mort n'a de sens.

Souvent les esprits d'enfant expriment le même désir : que la joie remplace la tristesse. Certains me prennent la main et dessinent leur propre monde, cette dimension dans laquelle ils évoluent désormais. Il y règne une telle intensité vibratoire que j'en ai quelquefois les larmes aux yeux. Je sens comme une ronde de bambins autour de moi. Puis les vibrations changent. Les dessins représentent des symboles de haut niveau – c'est encore un autre stade de l'évolution. Ou bien apparaissent des poèmes magnifiques...

Ces esprits d'enfants, ces Petits Messagers de l'au-delà, comme je les appelle, représentent à mes yeux l'amour et la puissance de l'esprit. Lorsque l'un d'entre eux se présente, je le reconnais grâce à l'énergie qu'il dégage : elle est comparable à un souffle tiède, à une brise d'été. D'abord, il avance et recule en un va-et-vient incertain. On dirait qu'il me teste. Il tourne très vite, en quête de mes vibrations mentales, impatient de communiquer. Quelquefois, il me touche les cheveux, ce qui me vaut une sensation étrange et agréable. Ses gestes expriment tendresse et harmonie. Ce sont des attentions uniques et vraies. À d'autres moments, l'esprit ne me touche pas. Toutefois son énergie enveloppe mon être d'une sensation douce et sécurisante. J'ai l'impression que l'on a déposé sur ma tête un léger voile. Quel que soit le mode d'approche, je laisse agir l'esprit en observant une certaine neutralité. Et c'est lui qui choisit le moment adéquat, l'instant où le transfert se produira dans ma pensée.

Papillons d'amour

Ce jour de printemps me trouve assise devant mon clavier. Dehors, le soleil est au rendez-vous. Mais je perçois soudain de petites présences invisibles – de vrais papillons d'amour, pleins d'énergie, avides de communiquer. L'une de ces entités s'approche doucement de mon aura. Le moment est venu d'entamer le dialogue.

— Qui es-tu ?

— Je m'appelle Éric.

Éric vient au plus près de ma pensée. Il est impératif pour moi de rester calme et naturelle, sous peine de perdre le contact, tant l'énergie de ces petits êtres est fluide et sensible.

— Tu as envie de communiquer avec moi, Éric ?

Il m'apprend qu'il a quitté la terre à l'âge de huit ans, un soir qu'il roulait en voiture avec papa et maman. Il ajoute :

— Je suis parti pour l'au-delà sans souffrir.

Le message n'en contient pas moins un soupçon de tristesse. Éric s'en est allé trop tôt vers sa nouvelle vie…

Soudain, j'ai une forte vision. Je vois une route peu éclairée. Je vois un chemin de campagne. Il pleut à torrent. La route est glissante. Une voiture s'approche. À son bord, un enfant installé à l'arrière, en train de jouer avec un camion miniature. Les adultes sont assis à l'avant. Un virage arrive, impossible à négocier. Le véhicule est projeté contre un arbre. Et c'est le noir complet.

La vision me laisse un sentiment de malaise.

— Qu'est-ce que tu attends de moi, Éric ?

— C'est maman, répond l'esprit de l'enfant. Elle est toujours sur terre. Et elle pleure ! Ça me fait mal. J'ai beau l'appeler, elle n'entend pas !

Je songe que je ne connais pas la maman d'Éric. Comment aider cet enfant ? C'est alors qu'une voix me parvient.

— Rassure-le. Et aime-le très fort !

Je reprends :

— Tu sais, Éric, il ne faut pas t'attrister comme ça. Je vois à présent ce qui s'est passé dans ce terrible accident. Tu as quitté ton petit corps, et tu es monté tout droit vers l'au-delà, comme un brave petit soldat. Tu t'es montré très courageux, tu sais !

L'énergie du petit esprit commence à prendre appui sur mon crâne. Il accepte les mots que mon cœur me dicte et lui envoie. J'ai l'impression qu'une menotte me donne des tapes sur la tête. C'est un signe qui ne me trompe pas. Doucement, l'esprit retrouve un peu de sécurité.

— Éric, dis-je encore, je t'aime beaucoup. Je te fais plein de bisous !

Ces mots tout simples auront un impact considérable sur l'énergie du petit esprit. Je sens qu'il vibre, maintenant. Il se détache de moi. Il tourne autour de mon ordinateur. Il me touche les mains. Puis il revient au-dessus de ma tête. L'amour que je lui envoie passe comme un courant électrique. Au point que je suis parcourue de frissons.

Notre dialogue se poursuit :

— Tu sais, on est plusieurs esprits autour de toi en ce moment.

— Qui donc est avec toi ?

Des prénoms me parviennent : Mélanie, Justine, Bruno, Aurore, Virginie, Stéphanie...

— Eh bien ! dis-je. En voilà du monde ! Puis-je poser une question ? Que se passe-t-il quand un enfant quitte la terre pour devenir un esprit dans l'au-delà ?

La réponse d'Éric ne se fait pas attendre :

— Des êtres de lumière nous guident sur le chemin de notre nouvelle vie...

— Vous n'êtes pas livrés à vous-mêmes, alors...

— Non ! Ils s'occupent de nous tout le temps. Les esprits d'enfants sont privilégiés dans l'au-delà !

— Et plus sensibles aussi à la connaissance de la vraie vie...

— Exactement. Et comme nous avons peu de souvenirs terrestres, nous ne souffrons pas de culpabilité. Nous sommes plus libres ! Notre seul bagage, ce sont les sentiments que nos proches éprouvaient envers nous.

À ce point de l'échange, l'esprit d'Éric se dissipe. Je n'ai pas le temps de lui dire au revoir qu'une autre présence invisible se dépêche de prendre sa place. Quelle effronterie ! Voilà un esprit qui n'a pas froid aux yeux... Je demande doucement :

— Qui donc est cette charmante présence dans mes cheveux ?

Le prénom Mélanie me parvient.

— As-tu besoin de quelque chose, Mélanie ?

— Non. Je veux juste parler.

Une vision m'apparaît : Mélanie en promenade avec son papy Charles. Ils se tiennent par la main. De son autre main, la fillette traîne au bout d'une ficelle un chien en peluche. Leur chemin est bordé de haies. On entrevoit, au loin, un verger. C'est là que conduit le chemin.

Mélanie et Charles sont maintenant assis à l'ombre d'un pommier. Mélanie cueille des fleurs qu'elle accroche dans les cheveux du vieil homme. L'instant est un instant de paix. Et je pense que je dois le vivre sans me poser de question.

Mais le tableau change subitement. Mélanie a grandi. Ses cheveux noirs lui tombent maintenant sur les épaules. L'énergie de son esprit rayonne autour d'elle, formant une lumière ondulante, pareille à des vagues sur l'océan. Mélanie tend la main et m'invite à regarder son grand-père. Lui non plus n'a pas changé. Il se repose toujours à l'ombre du pommier.

Cette vision me rassure. Mélanie et ses amis sont plus forts que vous et moi. Sans doute parce qu'ils n'ont pas à porter le poids de la culpabilité, de la rancœur ou d'autres sentiments négatifs. Et je sais qu'il y a toujours auprès d'eux quelqu'un pour les protéger.

Mais de nouveau je suis assaillie de vibrations. Certaines sont très fluides, d'autres plus fortes. Est-ce une présence adulte ? Je comprends que le jeune esprit a souffert avant de partir : je perçois autour de lui des vibrations basses assez significatives. Il n'est pas encore entièrement délivré de l'empreinte de la maladie. Mais il est en bonne voie, grâce à l'énergie qui lui est transmise par cet esprit plus fort, précisément.

— Qui es-tu, petit ange ?

L'esprit me répond :

— Je m'appelle Justine. Je suis avec mamy Rose. Elle veut te parler…

— Je vous écoute, mamy Rose.

Une énorme vitalité se dégage de cet être. Je me concentre aussi fort que possible. Bientôt une vision se met en place. Le tableau m'apparaît comme à travers une brume épaisse, chose qui ne m'est jamais arrivée. Puis le brouillard s'efface, tandis que se découvre une vieille maison. Il y a aussi une fillette qui joue devant la porte. Et une dame d'un certain âge qui veille sur la petite. La vision se précise. L'enfant est tombée. La dame la prend dans ses bras. Elles tournent ensemble leurs visages vers moi en souriant. Je crois comprendre le message : dans l'au-delà, l'amour est toujours vainqueur, et rien ne peut séparer deux êtres qui s'aiment aussi fort.

Dans une seconde vision, je perçois l'empreinte du malheur. C'est un lit blanc, dans une clinique. Une fillette se meurt. C'est elle – la petite Justine.

L'émotion est forte. Pourtant je dois rester neutre, si je veux que la vision demeure intacte. Le visage de la petite fille est très pâle. Une femme jeune lui tient la main. Cette femme me tourne le dos – la maman de Justine, sans doute. J'aperçois au-dessus du lit une présence laiteuse d'où émerge une lumière très vive formant les contours d'une silhouette. Cette lumière projette des rayons sur le lit blanc. Mon Dieu ! cet esprit est un être de lumière, un guide pour les enfants. Il attend Justine pour l'accompagner dans l'au-delà. L'enfant ferme les yeux. Je le vois sortir de son corps. Justine tend ses petites mains vers l'être de lumière. La voilà partie à la rencontre de la paix. L'être de lumière et la petite fille disparaissent. Et il ne reste près du lit qu'une maman en pleurs.

Des chiffres apparaissent. Une date : 1993. Et le mois de juin : 6. C'est ce jour-là que Justine est partie pour l'au-delà. Je sais quelle était sa maladie : une leucémie foudroyante.

Dans une autre vision, Justine tend ses petits bras vers mamy Rose. Puis tout s'efface.

Pourquoi ces visions ? Je me concentre. Je leur pose la question. C'est mamy Rose qui répond :

— Dites-lui ce que vous avez vu. Dites-lui que nous sommes heureuses !

— Mais à qui faut-il adresser le message ?

Cette fois, c'est le silence. Il en va ainsi, de temps en temps. Des visions se forment. Des messages sont délivrés. Et impossible de savoir pourquoi !

Dans ces cas-là, mieux vaut ne pas se troubler. L'au-delà veille toujours. Il faut lui faire confiance. La réponse viendra dans la vie quotidienne. J'en ai fait bien souvent l'expérience.

Ce jour-là, j'ai donc quitté mon ordinateur pour aller dans la cuisine, car l'heure du souper approchait.

Mais un mois plus tard, une visite inattendue vient conclure l'expérience – une visite qui selon moi ne doit rien au hasard.

Le carillon de l'entrée retentit. Je vais ouvrir. Je me retrouve face à une dame visiblement aigrie par le chagrin. Je perçois la tristesse et la souffrance qui lui déchirent le cœur. Elle est si mal qu'elle ne peut parler. Mais une autre femme l'accompagne ; et c'est cette seconde personne qui se charge des explications.

— Je m'appelle Margot, dit-elle. Et voici ma sœur Jeannine.

Je découvre, dans la suite de son propos, que Margot et Jeannine ont été informées de mes dons. Elles souhaitent être aidées dans ce domaine, et communiquer avec l'au-delà. Je les invite à entrer, non sans me demander ce que l'on a bien pu faire à Jeannine pour qu'elle soit à ce point désespérée.

Nous allons nous asseoir dans le salon, et c'est encore Margot qui parle :

— Nous avons le désir d'entrer en communication avec ma filleule décédée voici un mois. Ainsi qu'avec notre mère.

Je leur demande si elles ont des portraits de ces personnes. Margot ouvre son sac et en tire deux photos.

— Voici ma filleule, dit-elle en posant les clichés sur la table basse. Et voici maman.

Aussitôt je sens mon cœur s'emballer. J'en ai la tête qui tourne. Car les photos ne représentent personne d'autre que Justine et mamy Rose ! Je songe au message que je suis chargée de délivrer – ce message adressé à la maman de Justine. J'entends encore résonner sous mon crâne les paroles de mamy Rose : « Dites-lui ce que vous avez vu. Dites-lui que nous sommes heureuses ! » Je relève les yeux. Jeannine, la maman de Justine, n'a pas cessé de pleurer depuis que je l'ai trouvée au seuil de ma porte. À présent elle me fixe avec dans les yeux une lueur d'espoir. Margot reprend alors :

— Nous avons perdu Justine il y a un mois, comme je vous le disais. Et dix jours plus tard, notre mère partait la rejoindre.

Elle ajoute après une courte pause :

— Nous sommes très ouvertes sur l'irrationnel, vous savez. Nous croyons fermement en l'existence de l'au-delà.

Sans plus attendre, je leur fais le récit de ma rencontre avec Justine et mamy Rose. Aucune de mes interlocutrices ne paraît effrayée. Elles acceptent le fait. Je leur délivre le message des disparues. Aussitôt Jeannine cesse de pleurer. Son visage s'éclaire. Enfin elle peut parler.

— Depuis leur départ, dit-elle, je sens leur présence auprès de moi. Le soir, surtout, quand la tristesse me prend. Je sais, quelque part en moi, qu'elles sont heureuses là où elles sont. Dans l'au-delà, c'est-à-dire. Mais j'avais besoin d'une confirmation. C'est pourquoi j'ai voulu venir vous voir...

Et elle conclut :

— À présent je suis heureuse. Vous m'avez rendu la paix.

Et moi, je me sens soulagée.

Nous passons une partie de la soirée ensemble. Je les écoute évoquer des souvenirs de la petite Justine et de mamy Rose. Nous ne devions plus jamais nous perdre de vue.

Stéphanie

Ma rencontre avec Stéphanie est une expérience différente. Je me trouve chez mon amie Sylviane, quand je ressens les prémisses d'un futur échange. Nous sommes occupées à bavarder autour d'un café, quand des vibrations m'enveloppent la tête. Sylviane, voyant qu'il se passe quelque chose, me demande ce qui m'arrive. Je le lui dis. Elle éclate de rire.

— Pas moyen de passer un moment entre copines, alors ! Il faut que les esprits se manifestent !

Je lui réponds que c'est ainsi : je vis dans deux dimensions à la fois, et il faut faire avec.

— Il ne me reste plus qu'à rentrer chez moi, dis-je en me levant.

Un peu plus tard, à la maison, je suis devant mon ordinateur. Mes doigts courent sur le clavier, comme au cours d'une expérience d'écriture automatique. Et bientôt le petit esprit me rend visite à nouveau, mais d'une façon surprenante, en prenant lui-même possession du clavier ! En effet, une phrase s'inscrit à l'écran : « Je m'appelle Stéphanie », suivie du chiffre 4. J'en conclus que la petite Stéphanie avait quatre ans quand elle a disparu de ce côté du monde. Dès lors, je ne demande qu'à poursuivre le dialogue. Mais la petite me semble particulièrement fermée. Après avoir établi le contact, la voilà qui dresse une barrière entre nous. Je me concentre encore plus. Je m'efforce de lui communiquer toujours plus d'amour. C'est alors qu'elle réagit en m'envoyant une vision d'horreur. Elle joue dans le jardin avec un voisin prénommé Jean-Pierre. Stéphanie lui lance un ballon. Et soudain le drame se déclenche. Le chien de Jean-Pierre attrape le ballon et l'emporte dans la rue en franchissant ventre à terre la porte de la propriété. Stéphanie se précipite derrière lui. Dans la rue, un crissement de pneus retentit. C'est fini. Le joli sourire de la fillette s'est figé pour l'éternité...

Mais une voix me parvient :

— Où il est, mon ballon ? Et Jean-Pierre ? Où il est, Jean-Pierre ?

Apparemment, l'esprit de la petite est resté attaché au ballon. Que faire ? Comment lui expliquer qu'elle doit se délivrer de ce souvenir trop lourd ?

Je décide de réclamer de l'aide à l'au-delà. Presque aussitôt une nouvelle vision se produit. C'est l'image d'un homme accablé. Cet homme n'a qu'une idée en tête : rejoindre une enfant décédée. Une sensation de froid s'empare de mon corps. Une voix murmure un prénom : Jean-Pierre.

Si seulement j'arrivais à les réunir, ces deux-là !

Je songe soudain à mon grand-père. Grand-père qui est déjà dans l'autre monde. Mentalement, je l'appelle. Et bientôt sa présence se manifeste à mes côtés. Une présence forte, dévouée. Je lui demande s'il ne pourrait pas montrer le chemin à ces deux malheureux esprits. Grand-père, d'une pression de son énergie sur ma nuque, me fait savoir qu'il accepte volontiers de m'aider.

Je me concentre à nouveau sur l'esprit de Stéphanie, et je lui parle pour la mettre en confiance. J'observe qu'il s'agit d'un esprit très attachant, mais qui exprime un manque d'amour très net. J'essaie aussi de me rapprocher de l'esprit de Jean-Pierre – sans succès, hélas !

Dix minutes plus tard, des craquements résonnent dans la boiserie derrière moi. Une énergie s'approche. Elle est très froide, agitée aussi, quasi incontrôlable. Et une autre énergie encore, très forte aussi, s'avance à son tour. Je la reconnais : c'est celle de grand-père. Je comprends que je suis en présence de deux forces. Jamais je n'oublierai cet instant. J'assiste mentalement à des transferts d'énergie entre esprits ; et ces transferts se font à travers moi comme des rayons laser.

Au bout d'un moment, les énergies diminuent d'intensité. Je ne perçois plus la présence de grand-père. Son esprit a disparu. Celui de Jean-Pierre aussi. Seul subsiste auprès de moi l'esprit de la petite Stéphanie. Mais je me sens fatiguée. J'ai mal à la tête.

J'essaie de me relaxer. Je prends de profondes inspirations. Bientôt ma main gauche se couvre de petites vibrations. C'est aussi doux, aussi bon qu'un massage. Je n'ai bientôt plus la force de résister à cet attouchement invisible ; et je sais que c'est l'esprit de Stéphanie qui agit pour tenter de me rassurer à son tour.

Une odeur de fleurs se répand dans la pièce et continue de flotter un court moment. Soudainement, les vibrations quittent ma main. Stéphanie est partie. Elle me laisse en cadeau un bouquet de senteur. Je sais qu'elle continue à vivre dans un jardin où le soleil brille toujours – celui de l'autre vie.

Bruno

Les visites des Petits Messagers se succèdent pendant toute une semaine. Ainsi l'esprit de Bruno qui, par une vision, me montre les dernières minutes de sa vie en ce monde. Je le revois en train de gazouiller dans son berceau, les yeux fixés sur son ours en peluche qui lui chante une berceuse. Bruno ne se réveillera pas. Ou plutôt il se réveillera dans l'au-delà, dans sa nouvelle vie. Une fillette s'approche du berceau. Elle s'appelle Aurore. Elle sourit à Bruno. Elle lui prend la main pour le conduire sur le chemin d'un nouveau lendemain. Aurore avait elle-même huit ans quand la mer l'a emportée vers sa nouvelle destinée. À présent, elle prend Bruno dans ses bras. Bruno lui rend son sourire, comme s'il la connaissait. C'est que les esprits d'enfant partagent une forte complicité. Cette vision est l'expression même de la tendresse qui les unit dans l'au-delà.

Virginie et le caniche Myrtille

Trois semaines se sont écoulées depuis les visites des esprits d'enfants. Je suis chez moi, occupée à trier et ranger le linge. J'entends la sonnerie du téléphone, puis Jonathan qui décroche.

— Maman ! dit-il bientôt. C'est pour toi !

C'est une femme âgée qui appelle. Elle se nomme Mme Sand. Elle souhaite me parler de sa petite-fille décédée.

— Il se passe chez moi des phénomènes bizarres, dit-elle, depuis le départ de Virginie.

Un peu plus tard, je lui rends visite dans sa jolie maison précédée d'un jardin orné de massifs de roses. C'est Mme Sand elle-même qui vient ouvrir — elle semble le prototype de la mamy gâteau.

— Entrez, dit-elle.

Et comme nous nous asseyons dans la cuisine :

— Je vous ai appelée, madame Michèle, parce qu'il est impossible de parler de ces choses à n'importe qui, n'est-ce pas ? Beaucoup de personnes refusent d'accepter l'existence de l'au-delà.

Elle continue en disant qu'elle a perdu sa petite-fille, Virginie. Depuis, elle ne cesse de sentir se manifester l'esprit de l'enfant. Elle ne le vit pas mal, d'ailleurs, mais plutôt comme une présence rassurante.

Tandis qu'elle parle, mon regard est attiré par un coin du buffet, où repose une photo encadrée de Virginie en compagnie d'un caniche.

— Oui, c'est elle, continue Mme Sand. Et la chienne, c'est ma Myrtille. C'est une des dernières photos de la petite.

Le visage de Virginie me fait songer à une poupée de porcelaine. De jolies boucles blondes encadrent ses traits rieurs. Elle serre entre ses bras le caniche qui porte, en guise de collier, un ruban rouge qui fait contraste avec ses poils noirs... Mais on gratte à la porte de la cuisine. Un chien jappe doucement.

— Voilà Myrtille qui rentre du jardin, dit Mme Sand en allant ouvrir.

La chienne entre en frétillant de bonheur, et se précipite pour faire connaissance avec moi. Ses pérégrinations dans le jardin ont dû la fatiguer car elle ne tarde pas à se pelotonner sur mes genoux, et à s'endormir.

Mme Sand continue de me parler de Virginie, en me montrant d'autres photos. C'est une tumeur au cerveau qui a emporté la fillette vers sa nouvelle destinée.

Au milieu de la conversation, Myrtille se réveille en sursaut, bondit vers son panier, et y prend dans sa gueule une balle rouge qu'elle transporte au pied du buffet. Des vibrations se produisent autour de mon visage, puis gagnent Mme Sand. Je me concentre très fort. Le contact s'établit avec l'énergie en présence – une énergie très fluide. C'est celle de Virginie. Myrtille continue de jouer avec sa balle. Elle la fait rouler vers l'esprit de Virginie. Souvent les animaux voient ce que nous ne voyons pas.

— Virginie possède un esprit joueur et malicieux, dis-je.

— Vous ne croyez pas si bien dire.

— Quand ont-ils commencé, ces phénomènes surnaturels ?

— Deux jours après le départ de la petite. Mais j'aime avoir l'esprit de Virginie auprès de moi. Cela m'aide à surmonter mon chagrin. Quand ce malheur nous a frappés, j'ai cru que la terre s'arrêtait de tourner. C'était si déchirant !

La brave femme a sorti un mouchoir de son tablier. Discrètement, elle essuie ses larmes.

— Excusez-moi, madame Michèle.

— Virginie est vivante, madame Sand. Vous le savez, n'est-ce pas ?

— Oui, je le sais. Au fond de mon cœur, je le sais. Je crois à la survie dans l'au-delà.

L'esprit de Virginie est au centre de la table. On dirait qu'il attend quelque chose, mais non de ma part. Je comprends : c'est avec Myrtille qu'il veut communiquer. D'ailleurs, la chienne le sait : elle saute sur une chaise pour atteindre la table, toute joyeuse de retrouver sa maîtresse.

— Madame Sand, dis-je. Virginie est là.

— Oui, je ressens sa présence, moi aussi.

Mme Sand a retrouvé sa joie de vivre.

— Est-ce que ce n'est pas rassurant, dit-elle, de savoir que l'espoir et l'amour font bon ménage, de l'autre côté de la vie ? Un jour, en plus de celle de Virginie, j'ai ressenti une présence familière. C'était l'esprit d'Arthur, feu mon mari. Virginie m'a dit qu'ils m'attendaient, tous les deux, dans la vie de l'autre côté. Est-ce que ce n'est pas formidable, madame Michèle ?

Si, c'est formidable. Mais l'heure est venue, pour moi, de prendre congé. Mme Sand m'accompagne. Alors que nous traversons le jardin, elle me fait cadeau d'une superbe rose couleur saumon coupée dans l'un de ses massifs.

Vivre avec son don

Dans mon cas, l'amitié naît souvent sur les cendres du malheur, mais j'apprécie ces contacts qui renforcent les liens entre les uns les autres. On apprend à se connaître, à échanger des idées dans le respect des traditions et des croyances de chacun, sans jamais se juger. Et la joie a tôt fait de prendre le pas sur la tristesse. Dans l'espoir d'un contact avec l'au-delà, ou d'une réponse aux angoisses du futur, les êtres se rapprochent, avec timidité d'abord, pour s'enrichir ensuite, avec le temps, dans la force de l'échange.

Le don de perception n'est pas simple à gérer. Il faut affronter la mélancolie de l'autre, partager sa peine, supporter son manque d'écoute. J'avoue qu'il m'arrive de me sentir fatiguée à force de donner le meilleur de moi-même. J'ai quelquefois besoin de périodes d'isolement et de silence. C'est le seul moyen de travailler ma propre évolution. Mais les gens ne comprennent pas toujours les raisons de ce retrait.

Certes, j'ai choisi d'aider les autres, mais je ne veux pas devenir esclave de mon don ! C'est pourquoi je refuse parfois des entretiens, au risque de déplaire.

Je ne suis pas un robot. Ni une machine en libre-service. Néanmoins je m'efforce d'éclairer mes semblables, dans la mesure du possible. Je les aide à prendre conscience de la vraie réalité de la vie. Ensuite, c'est à chacun de faire son propre chemin.

Souvent, lorsque j'ai la chance de pouvoir savourer un moment de quiétude, je pense au monde où nous vivons – ce monde si froid et si prétendument futuriste. Ce monde empli de richesses non encore découvertes, et qui jamais ne seront monnayées pour la bonne raison qu'elles se donnent à travers des paroles de réconfort, des pensées positives – une poignée de main, un geste d'amour ou d'amitié. Si je me suis résolue à écrire ce livre, c'est pour tenter de transmettre un peu de force et d'espoir, grâce à mon expérience de l'au-delà. J'ai la chance de pouvoir le faire, et j'estime que la vie m'a gâtée sur ce point. La communication avec l'autre coté de la vie, et avec mes semblables, est une grande richesse – une richesse non pas matérielle, mais qui m'aide à grandir chaque jour un peu plus dans la force de ma foi en l'au-delà.

Le don de voir l'invisible et de communiquer avec lui n'est pas né d'un savoir-faire, c'est une forme de transmission profonde des mystères de la vie qui ne saurait être décortiquée. Le don prend sa source dans les valeurs du cœur. Plus je m'ouvre à cette connaissance de l'au-delà, plus s'exprime ma vie intérieure. Je me rapproche de cette connaissance. Les mots s'éloignent de mon esprit pour laisser la place à un contact mental.

Les minéraux vibrent différemment des végétaux. Leur énergie se focalise dans le centre de leur noyau. Les végétaux possèdent une énergie très fluide que je perçois comme étant du même niveau vibratoire que celui de la fleur, la tige et les racines. Quant aux animaux, ils disposent d'une double énergie : l'énergie vitale et l'énergie de conservation de l'espèce. Dans tous les cas, je perçois les électrons avec plus d'intensité à travers leur fréquence vitale. C'est en écoutant battre le cœur de la vie que j'ai compris que nous devions retrouver nos valeurs et sauver le plus important : notre mémoire d'êtres pensants.

Mes amis les arbres

J'ai caressé leur tronc avec douceur et découvert leur énergie. J'ai touché leurs racines avec respect, et leur mémoire m'est apparue. J'ai admiré humblement leur beauté, et leur aura m'a éclairée.

Petite fille, déjà, j'avais la passion des arbres. Je ne supportais pas de voir les garçons y enfoncer des clous, par exemple, au cours de leurs jeux. Cela me semblait une activité cruelle. Car les arbres, pensais-je, étaient des créatures vivantes. On n'avait pas le droit de les torturer ! Je suppliais mon grand-père d'aller enlever les clous. Et il le faisait pour moi.

À présent, qu'il pleuve ou qu'il fasse soleil, je descends chaque jour dans notre verger retrouver mes amis les arbres. J'ai découvert à leur contact que des présences invisibles évoluent autour d'eux dans la plus grande harmonie. Ces présences émanent des fleurs, de l'herbe, des pierres. Il existe entre leurs énergies une communion intense. Je sens que notre origine est liée à leur mémoire. Pour moi, leur univers exprime une sagesse, et cette sagesse est à mille lieues de cette force destructrice qu'est l'homme.

L'énergie des arbres est remarquable. Elle m'enveloppe au premier contact, dès que ma main se pose sur leur tronc rugueux. Elle vibre avec ma sensibilité. J'ai découvert ainsi qu'ils possèdent une mémoire extraordinaire, faite de tant de souvenirs ! L'arbre n'oublie pas un événement survenu auprès de lui. Son énergie se transmet même à travers l'herbe et les fleurs qui l'entourent. Cette communion ressemble à un murmure, à une symphonie composée de voix basses montées des entrailles de la terre ; si l'on prend le temps de l'écouter, elle se mêle à notre propre énergie pour donner vie à un mouvement.

Parfois, les arbres nous communiquent des messages afin de nous aider à franchir les épreuves de la vie. Ils savent nous mettre en garde contre nous-mêmes, et nous donner l'énergie d'avancer vers la connaissance.

Le vieux guérisseur et le chêne

Il y a quatre ans, un dimanche, j'ai fait par hasard la connaissance d'un guérisseur. C'était à l'orée d'un bois où je me rendais souvent. Le vieil homme cueillait des plantes, et moi aussi. Chacun faisait sa provision pour l'hiver.

— C'est la meilleure des médecines, me dit-il. Rien ne vaut une bonne tisane !

Voyant que nous sympathisons déjà, je réponds :

— Je suis bien de votre avis.

Intrigué, il me demande si je connais les plantes.

— Un peu, dis-je modestement. J'aime bien cet endroit. Il n'est pas encore touché par la pollution.

La vérité est que j'ai l'habitude de venir y faire ma cueillette, et de procéder moi aussi à toutes sortes de mélanges. Il reprend :

— Mon père y venait déjà en son temps. Il cueillait, lui aussi. C'est de famille. En ce temps-là, on se soignait avec des plantes. Le médecin ne venait que dans les cas graves. Ah ! dit-il, j'en ai bu, des tisanes. Tellement qu'elles vivent en moi !

Il est charmant. Que j'aime le contact avec les anciens ! J'ai toujours le sentiment qu'ils ont conservé le vrai sens de la vie, le respect de la nature et de ses éléments. Le brave homme m'explique qu'il possède des ruches, et qu'il surveille toujours l'itinéraire de ses abeilles. Ce sont elles qui le conduisent jusqu'à des endroits comme celui-ci, particulièrement riches en simples dont il est possible de faire toutes sortes d'usages.

— Les abeilles ont du flair, dit-il. Elles savent trouver le bon pollen. Voyez mon panier, comme il est bien rempli !

En effet, il contient un vrai trésor : de l'ortie, du millepertuis, des racines de bardane, de la camomille, de l'origan et du serpolet ou thym sauvage. Il ne nous reste plus qu'à échanger nos points de vue sur telle ou telle tisane fabriquée avec tel mélange. Tout en parlant, je m'aperçois qu'il m'observe avec attention.

— Vous devriez vous ménager, dit-il subitement. Vous êtes fatiguée. Vous allez perdre de l'énergie sans même vous en rendre compte.

Et il ajoute d'une voix chaleureuse :

— Il faut savoir s'écouter. Vous donnez peut-être trop de vous-même. Croyez-en ma vieille expérience.

Est-ce un conseil que l'au-delà m'envoie par l'intermédiaire de ce vieil homme ? Je plonge un instant mon regard dans ses yeux d'un bleu limpide, abrités sous la visière d'une casquette en velours. Et je devine soudainement que j'ai affaire à un guérisseur. Cet homme voit clair en moi.

— Je crois que vous n'avez pas tort, dis-je. Je me sens lasse, en ce moment. Je ne pensais pas que ça se voyait à ce point.

Son visage sillonné de rides s'éclaire d'un large sourire. Il me prend la main. Je sens la bonté qui émane de lui. Il reprend :

— Rien de grave. Ne vous inquiétez pas. Venez plutôt avec moi... Je vais vous montrer le chemin de votre guérison !

Reprenant son panier qu'il avait déposé dans l'herbe, il m'entraîne à quelque distance, en suivant la lisière du bois, puis s'arrête et m'indique une direction.

— Marchez tout droit, dit-il. Vous allez rencontrer un grand chêne. Quand vous le verrez, demandez-lui de vous aider. Je suis sûr qu'il vous répondra de la bonne façon. N'hésitez pas à l'entourer de vos bras. Ensuite, mettez votre dos contre son tronc. Il vous transmettra son énergie. Il vous revitalisera.

Nous nous disons au revoir ; et l'homme s'en retourne à sa cueillette.

C'est véritablement un très grand et très vieux chêne qui m'attend dans le bois. Il règne autour de lui une atmosphère paisible. Je fais glisser mes mains sur le tronc rugueux, les yeux levés vers la cime de l'arbre et les branches les plus hautes. Je sens qu'il me protège. Je sens que je peux lui parler mentalement, avec des mots venus du cœur :

— Tu sais, grand chêne, je ne suis pas en forme, ces derniers temps. C'est ce don que j'ai. Je me demande bien où il va m'entraîner. Quelquefois, j'ai peur. J'ai l'impression d'être une autre personne. Et cela me rend affreusement triste.

Des picotements se produisent au bout de mes doigts. La sensation n'est pas désagréable. Au contraire, elle me fait du bien. Le chêne a-t-il perçu ma détresse ? Les picotements s'intensifient. Ils gagnent à présent mes mains. L'énergie du chêne est plus forte que celle des arbres de mon verger.

Un peu plus tard, je suis assise entre ses racines, le dos en appui contre son tronc. Et je continue de lui parler, de vider mon cœur, de me confier à lui comme on le fait à un ami. C'est alors que le bien-être m'envahit. Je repense au guérisseur : il avait raison. C'était bien le chemin de la paix intérieure. Soudain une envie irrésistible me prend : toucher les racines du chêne. Je commence à les effleurer. Puis j'observe que de nombreuses feuilles mortes jonchent le sol. Mue par un instinct, j'entreprends de gratter la terre en m'aidant d'une baguette. Là, sous ces feuilles, se cache une réponse destinée à moi seule – je le sens.

Mon instinct ne m'a pas trompée. Bientôt apparaît un gland minuscule, pareil à une forme de mémoire. Du gland, jaillit un timide pédoncule. C'est la descendance du vieux chêne que je tiens dans le creux de ma main.

Le message est pour moi d'une importance considérable. Ce petit gland exhumé de son lit de feuilles mortes me dit qu'il ne faut jamais perdre espoir. Car l'espoir, comme lui-même, représente la vie. Tout cela est si merveilleux ! Je me sens pleine de confusion. J'en étais arrivée à un tel point de fatigue que je ne voyais plus la beauté autour de moi. J'avais même oublié que je pouvais m'adresser aux arbres, aux plantes et aux fleurs pour leur demander de l'aide !

Comme je replace le petit gland sous son manteau d'automne, une vision m'apparaît. Je vois les minéraux, les végétaux, les animaux et les êtres humains ne former qu'un tout – unité parfaite évoluant dans un dialogue unique. Mais cette entité brusquement explose, comme une boule de cristal éclaterait en mille morceaux. La vision disparaît, laissant un vide au fond de moi.

Je comprends alors que nous avons perdu des valeurs importantes. Des valeurs qui, au départ, appartenaient à notre évolution, et jouaient leur rôle dans les cycles de la vie. Je sens qu'elles sont toujours vivantes. N'ai-je pas senti leurs vibrations en moi ? Mais elles semblent appartenir à un autre langage. Une langue que les humains ont oubliée, tels ces dialectes autrefois vivants, aujourd'hui disparus.

J'ai la certitude que nous pouvons retrouver ces valeurs et leur redonner vie.

Aujourd'hui encore, je me rappelle le chêne et le gland. Quand je suis dans la peine, quand tout va mal, je repense à ces êtres grâce auxquels la nature m'a offert une belle leçon. Aussitôt l'énergie me revient ! Je peux à nouveau retrousser mes manches et mettre mon don au service des autres.

Quant au vieux guérisseur, je ne l'ai jamais revu. Pourtant, quel rôle il a joué dans mon existence ! Je suis sûre que c'était un sage. Il s'est trouvé là au bon moment – et je ne vois dans cette rencontre aucun effet du hasard.

La pierre de Madeleine

Madeleine est une dame de soixante ans, depuis toujours attirée par les pierres et leurs bienfaits. Cet amour du règne minéral lui a été transmis par sa grand-mère maternelle qui soignait par la magie des pierres. Notre rencontre date de quelques années. Nous avons fait connaissance devant une améthyste, lors d'une exposition de pierres ; et nous nous sommes aussitôt liées d'amitié.

C'est Madeleine qui m'a fait découvrir le langage des pierres. Elle possède une améthyste qui est sa favorite, et que j'admire lorsque je vais chez elle. C'est merveille de voir Madeleine communiquer avec sa pierre ! Elle lui parle avec une grâce extraordinaire.

Madeleine habite un hameau perdu quelque part dans le sud de la France. Un jour du printemps 1992, je décide de lui rendre visite. Sa maison, bâtie dans le style provençal, s'entoure d'un jardin généreusement fleuri, occupé par une table en fer bleue sur laquelle aime à se prélasser César, le chat de la maison.

Dès mon arrivée, Madeleine accourt. Madeleine, c'est Mme cent mille volts ! Elle est persuadée à juste titre que son incroyable énergie lui vient de ses pierres. J'avoue que je me sens bien, chez elle. Son intérieur respire une simplicité méridionale de bon aloi.

Sa collection, en principe, est exposée dans le salon, mais les pierres, en réalité, envahissent tout. On en trouve sur les meubles et sur des étagères, rangées par ordre de taille. L'une d'entre elles m'attire particulièrement – une améthyste, encore. Madeleine, devinant ma curiosité, dépose la pierre dans le creux de ma main. Je devine qu'elle a une idée en tête.

— Tu sais que vous pouvez discuter, toutes les deux, me dit-elle.

— Mais Madeleine, je n'ai jamais parlé avec une pierre ! D'ailleurs, je n'y connais rien...

— Tu parles bien aux arbres... Essaie. Tu verras.

Je ne veux surtout pas la décevoir. Je décide de me concentrer sur sa pierre. Il est vrai que je me sens attirée par la couleur et les reflets de l'objet qui est véritablement une perfection de la nature – laquelle regorge de trésors, ainsi que je n'en ai jamais douté. Je fixe mon regard sur la structure idéale aux lignes et aux couleurs apaisantes.

C'est alors que j'éprouve dans le creux de ma paume une sensation de chaleur intense. C'est une fusion d'énergie. Une authentique rencontre. Mais la chaleur, bientôt, diminue. Je garde les yeux fixés sur la pierre. Des pulsions se produisent maintenant, d'abord au bout de mes doigts, puis à travers toute ma main. Cette pierre est vivante, et l'expérience est magnifique !

Mais quelque chose bouge en son centre. Ce sont les molécules d'énergie qui se rassemblent pour former un noyau compact. Autour de ce noyau, se dispersent d'autres molécules, plus petites, qui dessinent des lignes en tous sens. Seul le cœur de la pierre demeure en contact avec ma propre énergie. L'idée me traverse subitement que le sens de la vie est agencé dans un alignement parfait, semblable à cette structure. Les végétaux, les animaux et les êtres humains, eux aussi, doivent abriter de tels agencements au fond de leur mémoire ! J'éprouve une sensation étrange, tout à coup. Comme si le secret de la communication entre tous les êtres était niché dans le creux de ma main. Mais une nouvelle vision se dessine. Des fluides sont attirés par la force vitale de l'améthyste. De nouveau, la sensation de chaleur se fait intense. Mon énergie est aimantée par le centre de la pierre. L'idée me vient de faire une expérience. Mentalement, j'adresse à la pierre des pensées d'amour. La réponse ne se fait pas attendre. Le noyau remue. Les molécules périphériques se rapprochent rapidement de lui. Et le cœur de la pierre ressemble à présent à un petit soleil. Ce cœur, parce qu'il est vivant, a capté le message d'amour.

— Vous m'avez l'air de bien vous entendre, toutes les deux !

Madeleine a posé la main sur mon épaule. Elle ne croit pas si bien dire. Son améthyste et moi avons eu une conversation des plus riches et des plus profondes. J'explique à mon amie que la pierre vient de me révéler la constitution de sa mémoire énergétique et vibratoire.

— Que dis-tu ? s'étonne Madeleine. Il faut toujours qu'il t'arrive quelque chose de spécial, alors ! Elle et moi, nous parlons de tout autre chose…

— Ce n'est pas ma faute, Madeleine. C'est ainsi.

J'ignorais encore, à cet instant, que les pierres me conduiraient un jour sur le chemin de la recherche dans le domaine viral et bactérien – mais ceci est une autre histoire…

— Tu sais, reprend mon amie, ce n'est pas l'effet du hasard si tu es ici aujourd'hui. Je sais que tu sauras te servir de l'expérience à bon escient.

Le chat, César, est entré dans le salon. Il était fatigué de se reposer sur la vieille table en fer. Il nous regarde de ses bons yeux sages.

Petite Zoé

Depuis plusieurs semaines, mes oies sont en période de couvaison. Apparemment, tout se passe au mieux. Huit petites boules de duvet jaune sont déjà là. Pourtant, une triste prémonition m'a visitée ce matin. Depuis, je sens la mort rôder autour de moi. En général, cela signifie que le danger n'est pas loin. Il va me falloir agir vite.

Tandis que mes pas me conduisent vers le poulailler, le sentiment d'une menace se fait plus fort. Je pousse la porte. Tout paraît normal. Les oies couvent tranquillement leurs œufs. Peut-être me suis-je trompée, après tout… Mais l'angoisse refuse de se dissiper. Pour plus de sûreté, je décide de rester un peu auprès des oies.

Quelques minutes plus tard, alors que je suis occupée à changer l'eau des volatiles, mon attention est attirée par une petite boule jaune, toute mouillée, dans la caisse de couvaison. L'angoisse de mort, qui commençait à s'effacer un peu, reprend de plus belle. Un frisson me parcourt la colonne vertébrale. Je suis sûre maintenant qu'il y a un problème. Et que le problème est en rapport avec la boule jaune.

Elle gît sur le côté, à même la paille, apparemment sans vie. Sa mère ne s'en occupe pas. Elle la repousse même à coups de bec, pour essayer de la faire tomber du nid. Elle cherche à s'en débarrasser, afin que l'endroit reste propre pour ses autres petits.

Le cœur triste, je prends le bébé oie dans la coupe de mes mains. Il ne me reste plus qu'à aller l'enterrer. Il y a une bêche à l'entrée du poulailler. Mais au moment de me mettre en route, la petite oie remue une patte. Quelle surprise ! Le cœur battant, je murmure pour moi-même :

— Tant qu'il y a de la vie...

Je me hâte de regagner la maison, la boule jaune glissée au chaud sous mon pull. Et tout en marchant, je m'adresse mentalement à elle :

— Accroche-toi, bébé ! Tu peux y arriver...

Dans ces moments-là, on est prêt à tout pour sauver une vie, si minuscule soit-elle.

Le fait est que la vie, peu à peu, lui revient. J'observe que l'oie recherche l'énergie de mes mains. Elle sait que là est son salut – la chaleur d'un abri protecteur.

Toute la matinée, je me promène en la transportant dans un sac douillet pendu à mon cou. Souvent je pose les mains sur son petit corps. Et je continue de lui parler. Elle réagit en laissant échapper des pépiements d'abord très faibles, puis plus forts. Au bout d'un moment, elle ouvre les yeux. Elle me regarde. Je saisis alors le message qui passe. C'est un message d'amour. Cette boule de plume me montre la force du dialogue intérieur. Son énergie vitale et la mienne ont fusionné pour former une unité.

Quinze jours passent. La petite boule jaune est en excellente santé. Elle est même devenue la mascotte de la famille ! Je la garde auprès de moi quand je travaille. Et tandis que j'écris, elle attend bien sagement dans son panier. Je l'ai baptisée Zoé. Elle n'a manifestement aucune envie de retourner au poulailler ! Elle me suit partout. Nous communiquons en employant un langage muet, secret, supérieur aux mots. Je lui ai donné toute mon énergie pour qu'elle vive, mais quelle récompense ! Zoé me le rend au centuple, tant sa présence est une preuve d'amour.

C'est grâce à ce genre d'expérience toute simple que l'on prend conscience du pouvoir de la sensibilité. Il est facile de déclarer que la sensibilité existe en chacun de nous. Encore faut-il la connaître, l'éprouver intérieurement. La sensibilité est autre chose qu'une donnée intellectuelle. Quand j'ai trouvé Zoé abandonnée sur la paille, à l'écart des autres, poussée à coups de bec par sa mère, j'ai senti agir en moi un réflexe intérieur. Cette réaction instinctive faisait suite au pressentiment qui me hantait depuis le début de la journée. Si j'avais refusé d'écouter ma sensibilité, ce jour-là, Zoé n'aurait pas vécu. Elle ne se serait d'ailleurs jamais appelée ainsi.

La sensibilité est avant toute chose un geste que l'on veut accomplir. Ce geste, ensuite, prend sa signification dans le cours de la vie. C'est pourquoi chacun devrait cultiver son aptitude à communiquer avec sa conscience.

Ma sensibilité à moi se nourrit de l'observation de la vie. Elle se prolonge dans une volonté de persévérer. Car je m'efforce toujours d'aller jusqu'au bout. Qu'il s'agisse de cet arbre médiéval, du chêne indiqué par le guérisseur, de l'améthyste de mon amie Madeleine, le fait de mener l'expérience à son terme a pour résultat d'augmenter encore et toujours plus le pouvoir de ma sensibilité. Et toutes ces actions, en définitive, convergent vers un seul et même but : la sauvegarde de la vie.

J'ai découvert ainsi que la mémoire du règne minéral, végétal et animal s'exprime depuis le début de la création sur un mode invisible, par le truchement de fréquences elles-mêmes composées d'ondes. Ces fréquences sont adaptées où non à votre propre énergie. Dans mon cas, il y a adéquation. D'où ce don qui occupe mon existence. Mais il existe aussi une fréquence universelle, dont l'autre nom n'est autre que l'amour.

Car je ne considère pas la vie sur terre comme une illusion renfermant des chimères. Au contraire, je me la représente comme un grand livre ouvert qu'il convient de lire et relire page après page, avec patience, afin d'y rencontrer toutes les richesses possibles. Quand on feuillette ce livre, on s'aperçoit que la solitude n'existe pas. En effet, le dialogue est partout, et pas seulement dans les échanges entre humains ! Le dialogue est même la valeur principale fondant toute évolution. Il permet de communiquer avec les êtres invisibles et avec l'au-delà. En ce sens, je considère mon don comme une seconde naissance.

Ma petite sœur des pauvres

Native de Bruges, sœur Andrée appartenait à une congrégation établie en France. Elle aimait particulièrement s'occuper des jeunes en difficulté. Parmi ces gosses sur lesquels elle a veillé, je me rappelle un certain John, qui avait eu maille à partir avec la police pour des affaires de drogue. Elle le visita en prison, et l'aida à mener le combat qui devait lui permettre un jour de s'en sortir.

J'ai fait sa connaissance un jour de février, au retour d'une visite à des gens perturbés par des bruits de pas dans leur maison. Je m'étais rendue compte assez vite qu'il n'y avait rien de grave chez eux. Sans doute un pauvre esprit qui cherchait à communiquer avec les vivants de ce monde. J'avais même bientôt découvert le nom de cet esprit : Félix. C'était le grand-père de la famille. Il ne trouvait pas le repos. Il était en plein désarroi. Il errait entre deux dimensions, en fait. Il ne me restait plus qu'à l'aider à passer de l'autre côté de la vie.

Félix avait vécu comme un brave homme sans histoire. Un jour, il s'était endormi dans son fauteuil pour ne plus se réveiller. Lors de son passage sur terre, il s'était occupé de poules et de lapins, et c'était tout naturellement près des clapiers que rôdait son esprit. Il m'était apparu sous la forme d'une vision. Je le voyais s'affairer devant les cages. Il se penchait au-dessus d'un panier d'osier. Il distribuait de l'herbe fraîche à ses lapins. Il portait un bleu de travail usé et de vieilles charentaises. Sa veste était déchirée aux coudes. Il me rappelait mon propre grand-père.

Je l'avais abordé avec toute la douceur possible. J'avais essayé de lui donner confiance en sa nouvelle vie. Je lui avais expliqué qu'il serait heureux dans la lumière du bon Dieu. Il lui suffisait de suivre le chemin de la lumière... Mais alors que nous communiquions, un homme âgé s'était approché de Félix. C'était son propre père, un homme mort très jeune, dont l'aura émettait une puissante énergie, lumière intense et pourtant apaisante. Quand la lumière s'est dissipée, Félix n'était plus là. Je savais qu'il était parti calme et serein vers sa nouvelle vie.

Arrivant chez moi sous une neige qui tombe dru, je m'aperçois qu'une voiture est garée devant l'entrée de ma maison. Une Dyane immatriculée en France. Je n'attends personne...

Quelle n'est pas ma surprise de trouver dans le salon une religieuse en train de bavarder avec maman ! Les deux femmes se régalent d'un bon café et d'un gâteau à peine sorti du four. C'est toujours maman qui s'occupe de ma maison quand je pars, comme elle dit, « en mission ». Elle répond au téléphone, veille sur les enfants, et accomplit mille autres choses encore.

— Voici sœur Andrée, me dit-elle en me présentant la religieuse.

Sœur Andrée est une brave femme toute simple, aux yeux pleins de douceur. Je note qu'elle est chaussée de sandales, en dépit du mauvais temps. Elle vient, dit-elle, me demander mon aide. Elle ajoute :

— J'ai entendu parler de votre dévouement.

Dans la suite de la conversation, elle fait allusion à une propriété acquise par sa congrégation. Elle souhaiterait la débarrasser de certaines « choses invisibles » qui perturbent la vie des religieuses.

— L'atmosphère est si lourde, dit-elle, que je n'arrive plus à me concentrer sur mes prières. Moi qui voulais faire de cette maison un havre de paix ! J'avais l'intention d'y accueillir des nécessiteux. Mais impossible de rien lancer pour le moment. J'ai même peur que nous ne soyons obligées de tout vendre…

— Attendez, ma sœur, attendez. Ne parlez pas déjà de vendre ! Avez-vous seulement fait venir un prêtre ?

— Bien entendu, Michèle. Il n'a rien pu faire. Les bruits continuent. L'ambiance est irrespirable, je vous assure ! Tout tombe en panne. On sent même des odeurs de putréfaction se répandre partout. D'ailleurs, m'explique-t-elle, personne n'a pu habiter longtemps cet endroit. Les propriétaires se succèdent et aucun ne reste.

— Je vais venir voir ce que je peux faire, dis-je.

— Dieu soit loué ! s'exclame sœur Andrée.

Je n'ai même pas eu le temps d'ôter mon manteau qu'il me faut déjà repartir ! Je regarde maman d'un air désolé : elle n'a plus qu'à continuer de veiller sur ma famille pour le reste de la journée.

Nous arrivons au couvent sous une tempête de neige. La grille de la propriété se matérialise soudainement derrière un rideau de blancheur. Un peu plus tard, je découvre une immense bâtisse qui fait songer à un vieux manoir perdu au milieu d'une forêt – ce qui est le cas, du reste. La neige donne à l'endroit une touche magique. Pour l'instant, tout semble calme.

Mais à peine sommes-nous descendues de la Dyane que je perçois des présences. Elles nous observent. Elles se trouvent dans la partie haute du bâtiment. Sœur Andrée m'interroge du regard : elle a compris que j'ai capté quelque chose. Elle est cependant rassurée en voyant que je reste parfaitement maître de moi.

— Les entités me testent, dis-je. Ce n'est rien. Le plus dur, ce sera pour tout à l'heure.

Sous le porche, nous nous ébrouons en frappant des pieds pour nous débarrasser de la neige qui couvre nos vêtements. Des religieuses accourent à notre rencontre. Sœur Andrée se charge des présentations. Deux jeunes femmes attirent particulièrement mon attention : sœur Madeleine et une adolescente appelée Morgane. Je note que la première est gentille, mais que la seconde n'a pas l'air commode.

Je ressens dans la maison la présence d'entités très perturbées. Manifestement, il s'est passé des choses atroces, jadis, dans l'aile droite du château. De plus, chaque fois que j'entre dans une pièce avec Morgane sur mes talons, les entités se font plus agressives, tandis que le froid devient encore plus vif, au point que je me sens attaquée de toutes parts.

J'ai tôt fait de comprendre que c'est elle, Morgane, qui réveille sans en avoir conscience des mémoires endormies en ces lieux depuis de longues années. Il est impératif de commencer par la délivrer elle, au moyen d'une prière adaptée. À ce moment, Andrée intervient. Elle prie Morgane de s'asseoir et de rester calme. La jeune fille réplique :

— Qu'est-ce qui se passe ?

— Michèle va t'expliquer le lien qui existe entre toi et ces esprits…

— Pourquoi ? reprend Morgane en se tournant vers moi. C'est ma faute ?

— Ce n'est pas ta faute, dis-je. Mais tu es en période de puberté. Autrement dit, ta sensibilité est très développée. C'est ce qui attire certaines présences invisibles. C'est ce qui les perturbe, aussi.

Je lui explique aussi que leurs forces interagissent à travers elle.

— Leur place n'est pas en toi, Morgane. Ni autour de toi. Leur place est dans la paix de l'au-delà. C'est dans l'au-delà qu'elles doivent vivre et trouver le repos.

Je lui fais part de mon intention de dire une prière sur elle. Cette prière refermera la porte de son mental ouverte sur l'au-delà.

— Tu es d'accord ?

— D'accord.

Tandis que je prononce la prière sur l'adolescente, je m'aperçois qu'Andrée, d'un signe, m'indique les pieds de Morgane. Je baisse les yeux. Morgane a les pieds recroquevillés vers l'intérieur. Quelle horreur... Ce sont ses nerfs qui se contractent. Je continue de réciter la prière, mais en y mettant plus d'énergie, bien décidée à délivrer cette enfant des forces envahissantes. Je suis prise alors d'un douloureux bourdonnement d'oreille. C'est le signe qu'une vision s'annonce. Je ne tarde pas à découvrir une jeune femme murée dans une cave de cette maison. Elle porte des habits anciens – longue jupe foncée, chemisier de couleur claire. De ses mains, elle tâte les parois. Elle voudrait à tout prix sortir de cette pièce. Je vois aussi qu'on lui a pris son bébé. Le voleur est un homme d'une cinquantaine d'années. Il est vêtu de noir. Il a les yeux durs. Il a emporté l'enfant après l'avoir roulé, inerte, dans une couverture grise. Les bras inanimés du petit s'échappent de la couverture. Le voleur fixe sur moi un regard glacial. Puis il me présente des documents relatifs au petit, l'air de vouloir me dire qu'il a le droit de l'emmener où bon lui semble.

La vision s'estompe légèrement. Me parviennent maintenant les plaintes de la jeune femme. Bientôt, tout est fini.

Ce qui se passe dans cette maison me choque. Selon moi, plusieurs mémoires évoluent ici, mais à des niveaux différents. On se croirait dans un espace où régnerait un tourbillon de voix surgissant de partout et résonnant en tous sens, cris et murmures entremêlés dans un brouhaha indéchiffrable.

Au bout d'un moment, j'arrive à distinguer des voix plus fortes qui m'entraînent vers le grenier, une pièce haute et sombre, sans électricité, hantée par un froid glacial.

Nous n'avons pas de lampe de poche, seulement des bougies.

Il me semble que l'énergie vient du coin droit, au fond de la pièce. Je m'approche résolument. Aussitôt les voix se taisent. Des présences m'entourent. Elles ne sont pas agressives. Elles se contentent de m'effleurer. Manifestement elles me veulent du bien. Puis une forme commence à se découper, telle une faible lueur dans la brume. C'est l'esprit d'un homme pendu à l'une des poutres. Un suicide ! Le désespéré a encore ses sabots aux pieds. Chose étrange, l'un des sabots est plus grand que l'autre !

Doucement, je récite la prière. Les présences s'éloignent. Je m'approche du pauvre esprit. Je distingue les larmes qui ruissellent sur ses joues. À cet instant, j'ai la vision de sa vie. Il s'appelait Jean. Il était d'origine modeste. Il travaillait comme valet de ferme avant la Première Guerre mondiale. On lui a fait beaucoup de mal. Il souffrait d'un complexe à cause de son pied déformé et boiteux. Et les moqueries endurées jour après jour l'ont poussé au suicide. Il est mort à l'âge de quinze ans.

Mais ce Jean avait une passion : les oiseaux. Son esprit m'apprend qu'il parcourait souvent la campagne à la recherche de nids qu'il contemplait pour le seul plaisir de regarder grandir les oisillons. Je le vois maintenant assis dans l'herbe, en train de mâchonner une brindille qui lui pend au bec, et de scruter le ciel au passage des oies sauvages. La vraie famille de Jean, c'était la nature. Lui-même était d'un caractère très doux.

Il me sourit. Il n'avait besoin que d'une pensée d'amour. Ce sourire sera son au revoir.

Je bénis le grenier. Nous redescendons les marches. La cave, maintenant ! C'est là que se trouve l'esprit de la jeune femme emmurée.

— Vous ne voulez pas vous reposer un peu ? me suggère sœur Andrée. Vous semblez très fatiguée…

Je ne peux pas. L'esprit de la jeune femme m'appelle. Mais le sous-sol est un véritable labyrinthe. Quelle direction prendre ? De fortes vibrations se produisent sous mes pieds. Il y a des sources sous le domaine. L'eau circule dans des galeries. D'ailleurs il règne ici une grande humidité qui vous pique la gorge ; les murs sont envahis de moisi, creusés de fissures où l'eau suinte.

Des bruits de pas résonnent dans le silence. Je me tourne vers sœur Andrée en disant :

— Ça, ce n'est pas un esprit, mais un humain...

Les pas se rapprochent. Morgane !

Sœur Andrée lui demande ce qu'elle vient faire là.

— Je veux vous aider à délivrer la jeune femme emmurée !

— Approche, dis-je à Morgane. Que je t'explique ce qui se passe dans cette cave...

Morgane me rejoint sans hésitation ni timidité.

— Vois-tu, lui dis-je, il se passe ici des choses que certains jugeront étranges, mais qui pour moi sont naturelles. L'invisible, parfois, rejoint le visible. Ils s'entremêlent. Ainsi l'invisible peut rester prisonnier du visible de nombreuses années durant. Il n'y a pas de jeune femme enfermée dans la cave. C'est son esprit qui est là. Il me demande de l'aide. C'est un peu comme s'il étouffait dans notre réalité...

Tout en parlant, je m'aperçois que Morgane dissimule un objet dans son dos.

— Montre, s'il te plaît.

Elle me présente un pic.

— C'est pour abattre le mur, dit-elle.

— Tu t'imagines qu'il suffit d'un pic pour délivrer l'esprit de cette malheureuse ?

— Mais je veux vous aider !

— Alors prie avec moi. C'est la seule façon de m'aider.

Une ombre a traversé le couloir. Elle traverse le mur de gauche. C'est l'endroit où se trouve l'esprit tourmenté.

Je viens tout près du mur. Je plaque mes paumes sur les pierres froides. Des picotements se produisent au bout de mes doigts. Je sens que l'esprit de cette femme a peur de mon énergie. Je fais le vide dans ma tête. Doucement, j'appelle la femme. Mes mains deviennent lourdes. Je les éloigne du mur. Je les secoue énergiquement vers le sol – c'est ma façon de me débarrasser des énergies négatives. Une vision m'apparaît alors. C'est elle : la jeune femme. Elle a une vingtaine d'années. Ses cheveux longs sont noirs. Elle porte une longue robe de la même couleur. Son corsage est boutonné jusqu'au cou. Elle est pieds nus. Elle s'exprime dans une langue étrangère – de l'anglais, me semble-t-il. Elle a les joues creusées, plus foncées que le reste du visage, et des cernes sous ses yeux. Cette femme était déséquilibrée, peut-être folle. J'ai envie de la caresser, de la rassurer. Je sais qu'elle a besoin d'aide. En même temps je perçois de l'agressivité à mon égard. Un sentiment dont je ne dois pas m'effrayer si je veux la délivrer et lui offrir la paix.

Elle me montre un berceau en osier. Je vois dans le berceau une couverture de couleur claire, et un petit oreiller où sont gravées les initiales O et B.

L'énergie de la jeune femme devient plus perceptible encore. La discussion peut s'engager.

— Olivier, dit-elle en montrant le berceau. Mon fils…

Le berceau est vide.

Je sens que son esprit se cramponne à mon psychisme. Je suis obligée de me détacher d'elle, même si c'est à contrecœur. Mais son énergie est trop négative. Elle est prisonnière aussi de sa haine et de son désespoir. Des mots me parviennent, comme un appel : « *Daddy ! Daddy !* » La vision est de plus en plus dense, de plus en plus nette. Je vois un paysage. Je vois aussi un village aux rues de terre battue. Il pleut, il fait froid. Une femme vêtue de noir, un fichu sur la tête, se dirige vers une masure en s'appuyant sur sa canne. Elle courbe le dos. Elle transporte un petit fagot de branchages. Elle a l'intention de s'en servir pour allumer son feu. Elle tourne vers moi un visage imprégné de tristesse. Avec sa canne, elle me montre une maison. Puis elle s'éloigne.

C'est le cœur serré par la tristesse que je m'approche mentalement de la maison indiquée par la vieille femme. La porte en est ouverte. Je découvre une pièce éclairée par la faible clarté de quelques bougies. Une bûche brûle dans l'âtre. Des pleurs et des gémissements se font entendre. Une agitation se produit du côté gauche. Je m'approche. La jeune femme de la cave est agenouillée près d'un berceau où repose son enfant mort – le petit Olivier. À côté d'elle, se tient l'homme qui lui a pris l'enfant tout à l'heure. C'est son mari. Il est plus âgé qu'elle. Il se penche sur le berceau. Il prend l'enfant dans ses bras et l'emporte.

La jeune femme ne comprend pas. Elle se relève. Elle court vers la porte que l'homme a fermée à clef ! Je comprends que la douleur a fait perdre la raison à cette jeune maman. De son vivant, elle n'a jamais accepté la mort d'Olivier. Elle rend son mari responsable du drame qui l'a séparée de leur fils.

La vision est moins nette. Bientôt elle disparaît. Je récite la prière qui délivre les esprits prisonniers. Le froid tombe dans la pièce. C'est que l'esprit de la jeune femme n'est pas décidé à se laisser faire ! Il lutte. Il veut rester dans son tourment. Je ne lâche pas prise. Je lui envoie mon amour de mère. Alors le froid commence à disparaître. Je demande à l'esprit de me dire son nom.

— Marie…

Telle est la réponse qui me parvient. Je reprends :

— Marie, ton enfant t'attend dans l'autre vie. Ne reste pas ici, à souffrir autant ! Et pardonne à ton mari qui n'y est pour rien.

Un maigre sourire se détache sur le visage creusé par la douleur. Elle lutte encore ! Je m'adresse à sœur Andrée :

— Aide-moi… Prie…

Mais Andrée, dont le visage exprime une paix bienfaitrice, entreprend de s'adresser à l'esprit de la jeune femme – cet être qu'elle ne voit pas. Elle lui parle de confiance, d'amour et de miséricorde.

Des parfums de fleurs s'élèvent autour de nous. Plus Andrée s'entretient avec l'esprit de Marie, plus les senteurs deviennent fortes. Andrée a plaqué à son tour les mains contre le mur. Elle envoie à Marie son amour, et c'est magnifique à voir, car Marie, à cet instant, essaie de capter toute l'énergie positive qui émane de la sœur.

Pourtant, quelque chose encore retient sur terre l'esprit de Marie. Quelque chose que j'ai du mal à définir. Mais une nouvelle vision se dessine. Le sol de la cave s'ouvre, formant une fissure qui s'agrandit en se dirigeant vers la porte de derrière. La porte donne sur une vaste cour. Au-delà, c'est la forêt.

Je comprends qu'il y a danger pour sœur Andrée. Comme elle l'avait pressenti, elle va bel et bien devoir quitter cette demeure pour n'y plus revenir. Les sources, qui sont assez profondes, et travaillent en remontant vers la surface, dégagent trop d'ondes négatives. C'est ce que Marie a tenté de me dire. Ma petite sœur des pauvres va devoir s'en aller d'ici. Il faut déménager. Je fais part à sœur Andrée de ce que je viens d'apprendre.

Un bruit feutré se fait alors entendre. C'est Marie qui nous dit au revoir. Sa tragédie s'est déroulée voilà longtemps, sur le terrain où se dresse aujourd'hui le manoir.

De retour au rez-de-chaussée, nous sommes accueillies par sœur Madeleine. Nous la rassurons : tout s'est bien passé. Sœur Madeleine me demande alors de bénir leurs voitures.

— Elles refusent de démarrer, me dit-elle, depuis que nous sommes arrivées ici !

— Je les bénirai volontiers, lui dis-je. Ainsi, elles pourront reprendre du service.

La tempête de neige a cessé. Le soir descend. Sœur Andrée me ramène chez moi dans sa Dyane. Nous sommes heureuses d'avoir partagé une occasion de faire le bien autour de nous.

Quelques années plus tard, j'ai revu Morgane, et c'est elle qui m'a appris le décès de sœur Andrée, cette femme si simple et si extraordinaire qui avait fait vœu d'obéissance et de pauvreté, cet être dont la passion était d'aider les malheureux jusqu'à la limite de ses forces.

— Tu sais, Michèle, elle a fait tellement de bien ! Elle s'occupait de tant de choses ! Je la revois affairée au jardin, avec ses sabots. C'était le seul endroit où elle acceptait de se séparer de ses sandales !

Les sandales de sœur Andrée... Pour Morgane comme pour moi, elles sont devenues le symbole de notre chère amie. Chaque fois que nous évoquons son souvenir, elles font irruption dans la conversation ! Et nous avons alors le sentiment qu'Andrée ne nous quittera jamais.

Le retour de Paul

On sonne à l'entrée. Je vais ouvrir. Je me trouve en face d'une jeune femme au sourire éclatant, qui me tend un superbe bouquet de fleurs.

— Vous vous souvenez de moi ? dit-elle.

Hélas ! ma mémoire me trahit. Je vois tant de monde, à présent ! Comment pourrais-je retenir tous les visages ?

— Je suis Myriam ! La maman du petit Paul. Vous nous avez aidés voilà quelques années... Paul souffrait d'une assez forte paralysie faciale.

Maintenant je me rappelle. Le petit Paul était aux prises avec un esprit des plus envahissant.

— Ne restez pas sur le pas de la porte. Entrez.

Myriam m'apprend que son fils est devenu un jeune homme. Quand je l'ai connu, il avait douze ans. Son problème avait commencé par un zona du nerf de l'oreille. Il avait la moitié du visage paralysé depuis plusieurs semaines, et les docteurs n'arrivaient à rien, tout en avançant un pronostic à la fois incertain et peu favorable. La maman, paniquée, commençait à se tourner vers des thérapies alternatives. Elle avait essayé l'homéopathie, l'ostéopathie, l'approche orthophonique. Et puis, un jour, au retour de chez l'ostéopathe, Paul demande à sa mère si elle a « beaucoup aimé Édith ». La question laisse Myriam stupéfaite. Édith est une amie disparue que Paul ne peut avoir connue puisqu'elle est morte le lendemain même de sa naissance, à lui Paul. Plus étrangement encore, l'enfant ajoute :

— Je pense souvent à elle.

Myriam est ouverte à la spiritualité, et même au « paranormal ». Elle sait, pour l'avoir entendu dire, qu'un enfant né au moment d'un deuil peut en subir un contrecoup. D'autre part, elle a assisté à une conférence sur la parapsychologie, au cours de laquelle certains auditeurs ont prononcé mon nom. C'est ainsi qu'elle a fini par venir frapper à ma porte.

Peu à peu, le souvenir de notre première rencontre se fait plus précis. Je me rappelle qu'elle était résolue à se battre pour aider son fils. Et qu'elle m'a tout de suite fait confiance.

J'ai perçu chez l'enfant une autre présence que la sienne. Une présence féminine, très perturbée, agressive, et qui développait sur lui son emprise. En me concentrant sur cette femme, j'ai senti qu'il s'agissait d'une de ces âmes qui ne veulent pas mourir. J'ai évoqué plus haut le cas de ces personnes inconscientes de leur mort physique. Elles se croient encore en vie. Elles se trompent de dimension. Elles sont confuses, perdues dans d'interminables conflits. Intuitivement, j'ai vu aussi que le pire était à venir. En effet, cette présence agressive s'efforçait d'atteindre Myriam à travers son fils. Il y avait dans cette affaire un puissant élément de jalousie. Il était plus qu'urgent de montrer à l'esprit de cette femme le chemin de l'au-delà ; il ne pouvait rester davantage de ce côté.

Très concentrée, j'ai récité la prière de délivrance des esprits. En même temps, je regardais la petite figure de Paul. Il essayait de sourire, mais il ne disposait que d'un demi-visage. Un demi-visage perturbé, d'ailleurs, du côté de sa paralysie.

Prononçant la prière, j'ai été frappée par l'agressivité d'Édith. Elle s'acharnait à vouloir me séparer de Paul. Ce sont là des moments assez durs. Dans ce cas de figure, toute l'efficacité du médium réside dans sa capacité à garder son calme, son détachement, sa neutralité. Tout doit être orienté vers la confiance en l'au-delà. Vers la confiance en soi, aussi. Et vers la foi. Bientôt est venu le moment crucial de cette prière, celui de certaines bénédictions. J'ai senti qu'une séparation commençait à s'opérer entre Paul et l'esprit malheureux. L'entité se battait toujours, mais avec moins de virulence. Peu à peu, elle acceptait de recevoir mes paroles et mes intentions d'amour. Puis la température a baissé. Une énergie s'est mise à fureter partout. On aurait dit qu'un animal affolé rôdait dans la pièce. Son intensité vibratoire a diminué de plus en plus nettement. Enfin elle s'est évanouie. Paul était délivré.

Myriam et Paul sont repartis soulagés, car ils avaient conscience de s'être débarrassés de quelque chose de malsain. Mais la paralysie, hélas, était toujours là. Et Paul était très fatigué, ce qui n'avait rien d'étonnant puisque son âme et son corps venaient de servir de champ de bataille.

Une semaine plus tard, Myriam et Paul viennent me voir à l'improviste. Ils veulent me remercier. Ils ont de gentils cadeaux : un beau livre et un bouquet de fleurs. Mais ils me trouvent absorbée par un autre cas. Nous pouvons seulement échanger quelques mots. Et j'ai à peine le temps de déposer un bisou sur les joues de Paul.

Or, après cette visite, le visage de l'enfant a commencé à retrouver de la mobilité. Certes progressivement, mais rapidement aussi. Deux mois plus tard, la paralysie avait complètement disparu. Et Paul avait parfaitement conscience de ce qui s'était passé puisqu'il ne cessait de répéter à sa mère :

— C'est depuis qu'on a apporté les fleurs à la dame !

Aujourd'hui, il se souvient encore précisément de notre entrevue d'il y a huit ans. Il se rappelle « le froid qui passait sous la table ». Il n'a pas oublié que je m'étais servi d'un pendule pour estimer l'intensité de la présence qui vivait en lui. Il se souvient que j'ai récité une prière, et que j'ai posé la main sur sa fontanelle en disant :

— Il va falloir ouvrir tout cela et refermer ensuite !

Ce qu'il avait interprété ainsi : « L'ostéopathe a travaillé pour rien. »

Myriam me montre une photo de son Paul devenu grand – un superbe jeune homme qui poursuit des études d'ingénieur. Je sais qu'il réussira. Je sais aussi qu'il fera du bien autour de lui. Car le jour de mon intervention pour le délivrer, tandis que je récitais la prière, j'ai vu émaner de son aura une énergie que je connais bien puisque je possède la même. C'est l'énergie de ceux qui ont le don. Paul était médium.

Il fera sûrement du bon travail comme ingénieur. Et il fera du bien en apaisant les autres, en les guérissant. Il sera ingénieur et médium. Je suis bien médium et femme au foyer !

Je lui souhaite bonne chance.

Épilogue

Impossible de parler de toutes les personnes qui ont jalonné mon parcours… Tant de rencontres, de visages, d'émotions me sont revenus en mémoire, moi qui, pourtant, ai toujours l'impression d'oublier après coup mes interventions « de l'autre côté ». Sans doute suis-je obligée de « faire le vide » pour continuer, retrouver mes forces, rester disponible… Combien de temps le pourrai-je encore ? Je suis effrayée à l'avance par tous les appels que provoquera la publication de ce livre, toutes ces détresses et ces demandes de secours qui vont affluer vers moi. Je sais que je ne pourrai répondre à tout le monde, que fatalement ça paraîtra injuste, mais si j'ai toujours refusé de me faire payer, c'est non seulement par idéal mais aussi pour préserver un peu de ma liberté, me laisser le pouvoir de dire non, parfois.

Face aux drames des autres, j'ai tellement « pris sur moi », toutes ces années, que mon corps a déclenché des maladies contre lesquelles je ne peux rien – et les médecins pas grand-chose, me disent-ils. Il faudrait que j'arrête tout, que je me repose, que je ne m'occupe que de moi : c'est leur prescription. Mais comment faire ? Comment se fermer aux autres ? J'ai dû apprendre à vivre avec ma souffrance, cette douleur à l'estomac qui ne me quitte plus. Tout ce que je peux avaler sans dommages, aujourd'hui, c'est de la bouillie pour bébé qui a eu le mérite de me faire perdre vingt kilos, soyons positive. J'ai retrouvé la ligne en gardant la forme, apparemment, pour les gens qui me côtoient. Mais je ne sais plus gérer ma vie.

Depuis quelques années, en plus des malheurs d'autrui et de mes propres soucis, il y a ces données scientifiques qui « tombent » régulièrement sur mon ordinateur ou par écriture automatique. Tous ces symboles, ces dessins, ces récits, ces explications auxquelles je ne comprends rien et qui, parfois, ont une signification pour les chercheurs avec qui je travaille.

Biologistes, archéologues, ethnologues, astrophysiciens : depuis le Festival Science-frontières 2002, des spécialistes s'intéressent aux écrits que j'empile en vrac dans mes paniers à linge ; ils vérifient les données, les formules, et me font participer à des expériences. Les résultats m'échappent, mais certains pensent que je peux les aider dans leurs recherches pour mieux connaître les civilisations disparues ou améliorer la santé de nos contemporains. Alors j'essaie de faire face, là encore. Dans ce milieu nouveau pour moi, j'ai rencontré beaucoup d'amitié, d'enthousiasme, mais autant de méfiance et de rejet. C'est normal.

Nos travaux feront l'objet d'un prochain livre, liés à l'événement qui a tout fait basculer pour moi, en novembre 2002 : la mort de mon père. Dès son décès, il m'a contactée, sous toutes les formes possibles. Le vide qu'il laisse sur terre est immense, mais, dorénavant, j'ai un « allié dans la place », comme il dit. Un être cher qui, après m'avoir assistée de son vivant dans mon dialogue avec l'au-delà, par son amour, son humour, ses attentions et son intelligence bien terrienne, continue à le faire depuis « l'autre côté ». Il me dicte ses impressions, me fait partager son évolution, m'explique les différents stades par lesquels son âme doit passer, la manière dont les mémoires communiquent entre elles après la vie ; il m'aide à comprendre certaines données qui me sont transmises…

Là encore, je ne cherche à convaincre personne. J'écoute poliment les sceptiques qui disent que c'est mon inconscient qui parle, mon imagination qui travaille, le refus de « faire mon deuil »… Si cela peut les rassurer de penser ainsi, tant mieux pour eux. Mais moi, *je sais*. La vie m'a fait un merveilleux cadeau en me donnant un père de rêve. La mort m'en a fait un deuxième en me le rendant.

Quels que soient les souffrances et les doutes que je traverse, le mot que j'emploie le plus souvent dans mon existence, c'est : merci. Un destin comme le mien est difficile à vivre, mais si c'était à recommencer, depuis ce jour où un soldat ennemi prisonnier de son passé m'a appelée au secours dans ma cave, je reprendrais la même route, je ne changerais rien à ce que j'ai vécu, et je donnerais autant, quitte à me perdre.

Un de mes vieux voisins avait été, à l'âge de dix ans, le témoin d'une apparition de la Vierge Marie. Cet événement, contre vents et marées, il en avait porté toute sa vie le témoignage, la grâce et le fardeau. Et je crois pouvoir dire, comme lui : « Ma place, je ne la céderais pour rien au monde, mais je ne la souhaite à personne. »

Remerciements

À ma famille qui, dans cette expérience, continue de me soutenir.

À Didier Van Cauwelaert pour l'aide qu'il m'a apportée, et la confiance qu'il m'a témoignée.

À toutes les personnes citées dans ce livre, qui m'ont fait confiance au cours des expériences imprévisibles, douloureuses, parfois cocasses que nous avons vécues ensemble ; grâce à l'échange, elles m'ont aidée à renforcer mon don de perception – qu'elles en soient remerciées.

COLLECTION

AVENTURE SECRÈTE

La spiritualité, l'ésotérisme et la parapsychologie offrent des perspectives fascinantes au monde moderne. Les sciences d'aujourd'hui rejoignent les traditions d'hier : l'invisible et les pouvoirs de l'esprit sont une réalité.

« Aventure Secrète » vous invite à porter un regard neuf sur vous et sur l'univers en répondant aux plus grandes questions de tous les temps.

ÉNIGMES

Michael Baigent, Richard Leigh, Henry Lincoln • L'énigme sacrée
Michael Baigent, Richard Leigh, Henry Lincoln • Le message
Edouard Brasey • L'énigme de l'Atlantide
Graham Hancock • Le mystère de l'arche perdue
Pierre Jovanovic • Enquête sur l'existence des anges gardiens
Chris Morton • Le mystère des crânes de cristal
Joseph Chilton Pearce • Le futur commence aujourd'hui
Lynn Picknett & Clive Prince • La révélation des templiers

ÉPANOUISSEMENT PERSONNEL

Melody Beattie • Les leçons de l'amour
Deepak Chopra • Les sept lois spirituelles du succès
Deepak Chopra • Les clés spirituelles de la richesse
Deepak Chopra • Les sept lois pour guider vos enfants sur la voie du succès
Deepak Chopra • Le chemin vers l'amour
Marie Coupal • Le guide du rêve et de ses symboles
Wayne W. Dyer • Les dix secrets du succès et de la paix intérieure
Joseph Murphy • Comment utiliser les pouvoirs du subconscient
Joseph Murphy • Comment réussir votre vie
Marianne Williamson • Un retour à l'Amour

PARANORMAL/DIVINATION/PROPHÉTIES

Édouard Brasey • Enquête sur l'existence des fées et des esprits de la nature
Jean-Charles de Fontbrune • Nostradamus, biographie et prophéties jusqu'en 2025
Dorothée Koechlin de Bizemont • Les prophéties d'Edgar Cayce
Maud Kristen • Fille des étoiles
Rupert Sheldrake • Les pouvoirs inexpliqués des animaux
Sylvie Simon • Le guide des tarots

POUVOIRS DE L'ESPRIT/visualisation

Marilyn Ferguson • La révolution du cerveau
Shakti Gawain • Techniques de visualisation créatrice
Shakti Gawain • Vivez dans la lumière
Jon Kabat-Zinn • Où tu vas, tu es
Akain Kardec • Le livre des esprits
Dolores Krieger • Le guide du magnétisme
Bernard Martino • Les chants de l'invisible
Éric Pier Sperandio • Le guide de la magie blanche
Michèle Decker • La vie de l'autre côté

LOBSANG T. RAMPA

Le troisième œil
Les secrets de l'aura
La caverne des Anciens
L'ermite

JAMES REDFIELD

La prophétie des Andes
Les leçons de vie de la prophétie des Andes
La dixième prophétie
L'expérience de la dixième prophétie
La vision des Andes
Le secret de Shambhala
(Avec Michael Murphy et Sylvia Timbers) Et les hommes deviendront des dieux

ROMANS ET RÉCITS INITIATIQUES

Deepak Chopra • Dieux de lumière
Laurence Ink • Il suffit d'y croire...
Gopi Krishna • Kundalinî – autobiographie d'un éveil
Shirley MacLaine • Danser dans la lumière
Shirley MacLaine • Le voyage intérieur
Shirley MacLaine • Mon chemin de Compostelle
Dan Millman • Le guerrier pacifique
Marlo Morgan • Message des hommes vrais
Marlo Morgan • Message en provenance de l'éternité
Michael Murphy • Golf dans le royaume
Scott Peck • Les gens du mensonge
Scott Peck • Au ciel comme sur terre
Baird T. Spalding • La vie des Maîtres

SANTÉ/ÉNERGIES/MÉDECINES PARALLÈLES

Janine Fontaine • Médecin des trois corps
Janine Fontaine • Médecin des trois corps. Vingt ans après
Caryle Hishberg & Marc Ian Barasch • Guérisons remarquables
Caroline Myss • Anatomie de l'esprit
Pierre Lunel • Les guérisons miraculeuses
Dr Bernie S. Siegel • L'amour, la médecine et les miracles

SPIRITUALITÉS

Bernard Baudouin • Le guide des voyages spirituels
Jacques Brosse • Le Bouddha
Deepak Chopra • Comment connaître Dieu
Deepak Chopra • La voie du magicien
Deepak Chopra • Les sept lois spirituelles du yoga
Sa Sainteté le Dalaï-Lama • L'harmonie intérieure
Sam Keen • Retrouvez le sens du sacré
Thomas Moore • Le soin de l'âme
Scott Peck • Le chemin le moins fréquenté
Scott Peck • La quête des pierres
Scott Peck • Au-delà du chemin le moins fréquenté
Ringou Tulkou Rimpotché • Et si vous m'expliquiez le bouddhisme ?
Robin S. Sharma • Le moine qui vendit sa Ferrari
Baird T. Spalding • Treize leçons sur la vie des Maîtres
Neale D. Walsch • Conversations avec Dieu
Neale D. Walsch • Présence de Dieu

VIE APRÈS LA MORT/RÉINCARNATION/INVISIBLE

Vicki Mackenzie • Enfants de la réincarnation
Daniel Meurois & Anne Givaudan • Récits d'un voyageur de l'astral
Raymond Moody • La vie après la vie
Raymond Moody • Lumières nouvelles sur la vie après la vie
Jean Prieur • Le mystère des retours éternels
James Van Praagh • Dialogues avec l'au-delà
Brian L. Weiss • Nos vies antérieures, une thérapie pour demain
Brian L. Weiss • Il n'y a que l'amour

7503

Composition
CHESTEROC

Achevé d'imprimer en Slovaquie
par NOVOPRINT SLK
le 21 mai 2013.
Dépôt légal janvier 2011

1er dépôt légal dans la collection : août 2003
EAN 9782290344033

ÉDITIONS J'AI LU
87, quai Panhard-et-Levassor, 75013 Paris

Diffusion France et étranger : Flammarion